# 定制

## 看维意如何PK宜家

段传敏 /著

时代出版传媒股份有限公司
北京时代华文书局

**图书在版编目（CIP）数据**

定制 / 段传敏著. -- 北京：北京时代华文书局，
2016.3
ISBN 978-7-5699-0555-7

Ⅰ．①定… Ⅱ．①段… Ⅲ．①家具工业－工业企业管理－研究－中国 Ⅳ．①F426.8

中国版本图书馆CIP数据核字(2015)第224868号


**定制: 看维意如何PK宜家**

著　　　者：段传敏
出 版 人：杨红卫
图书策划：王郁斌　欧阳熙　亨通堂文化
装帧设计：李沛江　杜卉
插图创意：李沛江　曾文
插　　画：曾文　余汶珊　韦忠桂
责任编辑：王水　尚蕾
特约编辑：朱新云
责任印制：刘银　程文熙
特别鸣谢：WAYES策划团队

出版发行：时代出版传媒股份有限公司　http://www.press-mart.com
　　　　　北京时代华文书局　http://www.bjsdsj.com.cn
　　　　　北京市东城区安定门外大街136号皇城国际大厦A座8楼
　　　　　邮编：100011　　电话：010-64267120　64267397
印　　刷：兆荣印刷有限公司　　电话：0757-23330313

开　　本：710mmx1000mm 1/16　　印　张：20.25　　字　数：200千字
版　　次：2015 年 7 月第 1 版　　印　次：2015 年 7 月第 1 次印刷
书　　号：ISBN 978-7-5699-0555-7
定　　价：58.00 元

# 目 录

# 出版者的话

2015年5月，有一本橙色封面的书横扫经管类图书排行榜。

这本书封面颜色出彩，封面主元素是一头额头上滴着汗珠的大象在走钢丝，创意的设计给了读者们非常深刻的印象。

这本书就是《横着来：看维意定制如何PK宜家》，甫一出版，它就与写小米的《参与感》、周鸿祎的《我的互联网思维》以及硅谷大神的《由零到一》一起，成为了互联网上财经类图书的焦点。

这是一本好看的书，由家具讲起，但是真正谈的是设计、创新和服务。

这是一本好玩的书，有着开放式的解构、灵感爆发的插画、超棒的创意设计，还有跨界的思维。

本书适合对快速消费品行业有兴趣的人，适合对品牌传播与引爆流行有感觉的人，更适合对生活品质有追求的人。

"互联网+"是过去一年的中国热点话题，也是商业发展的新趋势，或者换一个更接近年轻人的词来说，就是"风口"。而维意定制，就是互联网+家具的精彩实践。他们和整个市场的销售思路不一样，别的企业的做法——我设计一套东西，生产出来摆在这里，你喜欢就买走；维意的做法——你想要什么东西，你喜欢什么东西，我们帮你设计，你确定，我们帮你生产。你看，维意有多横？！思维完全颠倒过来了。按需定制——像试衣服一样买家具，这是实实在在的创新。

"把少数人的定制，变成多数人的生活"——维意所代表的家居定制模式正成为新一代消费者精神满足的一种方式：我要购买那些能够带给我个性化生活的东西，我要购买那些能够让我实现心理自主的服务，我要购买那些能够让我创造自己、了解自己、成为自己，体现我个人品味的东西。

作者段传敏在该书第一版的发布会上，对于维意有着这样动情的评价："这样的企业颇令人惊奇，见惯了市场的血腥搏杀、为利益而背信弃义，一个企业却能靠着专注自身的细节完善获得成长，获得政府、学界、传媒、同行和消费者的认可，这也许并非孤例，但相当罕见。"

现在，经过精心打磨，我们重新推出《看维意定制如何PK宜家》的升级版，作者、策划、设计、编辑与其他相关的出版团队成员，为读者再次奉上一本300页、近百张插画与配图的新书，分析移动互联网时代的消费者、设计、服务、营销与模式，同时，也再现一家新型企业的创业、成长、理念、文化与管理。

希望这些话题，对读者有益，对社会有价值。

维家居建材企业相继亏损、倒闭的情况下，宜家为何能够保持良好的增长，其风靡全球的秘诀到底是什么？"宜家（IKEA），全球拥有338家专门店，275亿欧元销售额、7.75亿人流量、11亿官网访问量。全球最大十家商场中有八家在华落户，宜家中国的销售额逼近63亿元，比上一财年增长17%。不久前，一篇名为《宜家为什么不惧电商》的文章在豆瓣网上广为流传。文章指出，在电商对传统线下的家庭拍拍式的冲击面前，为什么宜家的业务却稳步提升，其全球的增长率仅3.1%，而在中国的年收入增长率超过17%。另一方面，在中国市场，家得宝、百安居、东方家园等内外资家居建材业态曹遇凋零的背景下，宜家家居却逆势增长。

长、建材企业相继亏损、倒闭的情况下，宜家为何能够保持良好的增长，其风靡全球的秘诀到底是什么？宜家之所以具有较好的业源于它将实体门店深耕细作到了极致，从产品围绕消费者需求破文章。产品研发：神奇的产品矩阵：如同进入了商品的海洋，家居用品、纺织品巧至小吃零食令人眼花缭乱。与此同时，分为不同色系和风格。那么，在这么多份是如何进行单品的研发和管理？其令人会背后的商业逻辑是什么？其秘诀就阵"。首先，宜家会根据产品的品分，这是矩阵的一个维度；其次，宜家根据色彩和家具风格品类的商品又分为乡村风格、格、现代风格以发斯堪的纳维亚风、

球的
靡表现，
研发与制造等
宜家每年要更新
品，易场用品、步尝用
同一品类的商品，又
爱复杂的品项中，
日不被挑的商品
是宜家

营都在
万种商品，走进宜家

宜家
组
家居的"产品矩
来进行则

那的简繁业风
这是宜家的产品矩阵的
度。最后，宜家
按照价格区
高价、中价、低
低价、超低价也就是心跳
"Breath-taking new"，这是产
阵的卧
类、风格以及价
个维组 构成了宜家
矩阵。
样一
宜商
家 其

第二个维
又将产品
间分为
和通
品矩
度；
家
其的产品
宜家在产品研发的时候在这
个矩阵的框架内进
品开发。《宜
用》报者约翰斯
家的开发人员
白和疏
方的
种

精内博认 为，宜
正式利用产品矩阵来发现其品类上德空
漏。这是宜家产品具有竞争
核心因素：首先，为
家具风格衍生出不
同款式的家具组
合，使得每个
业务部门比较
容易发现一个
系列还需要哪
些款式的产
品、从而将开
发需求提交给设
计师。其次，对于 消费
者而言，产品矩阵让消费者在相
同风格的家具中做出选择、搭
配自己的家具组合"。约翰斯
持内博表示，据了解，正是
由于家 具产品矩阵
的 存
在，设计 师已经
根据矩阵的框架制定出
家具的各种参数和配色
方案。在开发新品
时，设计师不需要从
头开始，面是依据矩
阵的规范设计出宜家
风格的系列新品。

# 消费者篇

## 宜家控&维意迷

生活好在无意义，
才容得下赋予意义。

维意定制设计文化海报

**一个是切切实实的需求——装房子我会再找维意定制，它的品质和服务我很信赖，毕竟整体风格很棒，又可以有局部调整，与房子完美契合；逛宜家是个人兴趣——我随时到宜家逛，边逛边选，我喜欢那里的小东西。如果换一种说法，宜家是适合谈恋爱的，而维意似乎是用来结婚的，你说呢？**

我是个小白领，也是个超级吃货，喜欢买东西，也喜欢旅游。大学在广州上的，这座城市许多好吃好玩的，我只要知道，就马上行动，不会等上几天的。

2005年，火车东站附近的广州宜家开业，我去逛了逛，有许多惊喜的发现，从此就喜欢上了那里。

有空的时候，我总爱约上朋友下了班一块逛宜家，虽然每次只是买软装饰品（相框、烛台、餐具之类），但每次从入口到出口把东西寄存了再到餐厅用餐，就好像完成了看电影、逛游乐园一样，是一个完整的"节目"，和逛超市的感受是不一样的。

一度，我爱上了宜家的餐厅。首先，宜家有免费续杯的各种饮料，按我的理解，只有自助餐能这样大气。然后，宜家还每期推出一款特便宜的中式快餐，我最爱的是"木耳鸡肉饭"，只要4.9元，当时同品质的快餐需要10元。除了中式饭和饮料，一般人还会点些别的，如瑞士肉丸、沙拉等西式餐食。

在很长一段时间里，我每次从东站坐两个小时的火车回家，上车前都会预留出1个小时到宜家吃点东西，然后顺便买点小东西带回去，当时像沙拉碗、水果盘、床上电脑小桌、地毯等很多产品只能在宜家买到。

# "宜家控"失恋了，
# 你想到结果了吗？

广州林和中路宜家

一街之隔的维意定制东方宝泰店

2008年，我失恋了，虽然有预感，但还是极难受，习惯是最难剥离的东西。恋爱开始要有各种告之和庆祝，失恋也必须有它的仪式感。我那些排着队等着当垃圾筒的朋友都在互相打探我的状况呢。

我决定了，要开始全新的生活！怎么个"全新"？把家具换掉，先从环境"新"开始。有了这个念头我兴奋起来，为什么呢？当时我住的只是10多平米的独立小间，虽然家具、电器都是齐全的，但都是凑合着买的，柜子不搭电视，床架不搭地毯……总之是各种不顺眼。以前总觉得未来也要换房子的，不折腾了。现在好了，还不知道得单身多久呢……

我购买家具的地方当然是宜家，它符合我的调调，许多款式早就让我心痒痒了。

我是个特别爱激动的人，有了这个目标竟然觉得失恋没那么痛了！而且，我执行决策一般不会延迟24小时……

说干就干！虽然第一次到宜家买家具，但还是很有经验的，先把房间各处的尺寸都记录下来，列了清单，带上卷尺。周末我和朋友一起去了宜家，首先选了一个超级实用的三门衣柜，当时是特价999元——我几乎乐晕了，因为爱美的女生衣服数量总是不断上升的。确定了一件，我在草图上把衣柜的占地面积画了出来，接着找电视柜。当时我家的电视是29英寸的CRT，那对于10多平方的小空间简直是巨无霸了，转完了电视柜的区间还是没有合适的。

先挑个床吧！路过儿童展区，我马上被一张婴儿床吸引过去，这是一张可以伸缩的铁床，宽度是90厘米，长度可以从100厘米拉长到200厘米。这是为婴儿和成人设计的床。我马上就爱上了，尽管我的朋友认为各种不实用，我还是决定买，赶紧记下了它的编号。朋友最后威胁道："以后我不去你家玩了，这么小的床，怎么睡得下两个人？"我笑着回应："你来了我让你睡床上，我睡地毯嘛！"

这是突然的决定。我原来想的是买一张120厘米宽的床（和原来的一样大），两个女生挤挤勉强是可以的。之前我知道有这样可伸缩的床，曾感叹为什么我小时候没有。但像今天这样，看到立刻就想拥有它的感受真的很实在、很迫切，没有店员介绍，也没有别的买家影响，我必须要它，哪怕真的不实用也等到那个时候再说吧，毕竟才699元！

一整天的时间，我买了桌子、椅子、书架、书桌、柜子、台灯，连同餐具、花瓶、镜子、地毯、被子，等等，花了8000多块钱！

在约定的时间里，货按时送到了。送货的师傅很惊讶，这么小的房子能放下这么多东西吗？我偷笑。

宜家壁灯

次日预约了安装衣柜，宜家的送货和安装都是收费的，我觉得可以接受。如果自提自装也就节约了，不过，衣柜结构复杂，还是得让专业的师傅装。其他的安装就由朋友的男朋友代劳了，我觉得自己安装也是有趣的事，因为看着同样的图纸，从不同的安装思路能看出大家的智商……

就这样，我住的空间没有换，但家里的装饰焕然一新，带给了我新的心情。我开始急切地邀请好朋友来家里玩，看着全新的宜家范儿，进行各种介绍和想象，得到大家和预想一样的羡慕和赞叹。大家也懒得问我失恋的事了，因为看到我真的走出了失落。

以后的时间里，我还继续逛，寻找我的小欢喜，装扮我的小家，哪怕几块木板、几块钱的酒杯、白色的小桌或者圆圆的布艺沙发……这些都会给我带来几天的愉悦心情。一个商场竟然能勾起我的许多向往，想想真是奇妙！

后来，我陆续搬了两次家，虽然拆装相当不便，但我仍固执地带着我在宜家买的大衣柜。拆装多了，很多接口处出现异常，但是，我还是带着它一起走，直到后来搬了新家，这套家具只能送人了，当然还有那白色的小方桌。

# 迷上维意定制，
# 设计我的新家

2013年，由于工作关系，我第一次走进维意定制在南海的店面，那里感觉像是高端的宜家，突然就莫名喜欢上了。

**那里的布局设计感十足，透出时尚与温馨，而且有多种风格可以选择，想想如果自己的家变成那样子，一定十分美妙吧！而且最关键的是可以自由定制，比宜家的组装更多了贴身设计，还有，维意全部免费帮助装好……**

我几乎一下就爱上了它。千万别问我理由，喜欢就是喜欢，完全按照你的心思、专门为你设计、细心地上门量尺、送货到家免费安装，你甚至无须在家……这是一种怎样的称心如意！

我暗暗想，这样的定制一定不会太便宜吧！因为店员多客人少（奢侈品店都是这样的感觉）。导购带着我逛了一圈，我觉得每一款都有自己的调调，各有各的喜欢。

身边的导购不时问："您的家有多大？""您准备近期装修吗？"这类问题我不想回答，因为我不确定能否买得起，而且近期也没有装修的计划，最好不要让导购失望。相比宜家的自在，我在维意的感觉竟有些拘束。

在宜家，你不会成为焦点，现场嘈杂混乱，各自忙碌，一切自助，没有需求我可以看看、摸摸、坐坐、拍照，到了饭点吃个饭。

维意定制的导购引导我坐在一个展区里，沙发很舒服，但我全程直着腰，完全不敢像在宜家那样、像在家里坐沙发一样舒展，这里也有各种饮料免费供应，但我很不好意思白喝，只要了一杯热茶。

我没话找话，随口问："你们这里每家的平均消费大约多少钱呢？""三居室的装修大约是3到5万元。"看我很不相信的样子，导购小姐起身带我参观一楼的设计师办公室。小小的区域内坐了10多位穿黑色西装的男人，大家在电脑前忙碌着。他们似乎习惯了随时被打扰的工作状态，抬起头微笑问好。导购马上拉我坐到一位设计师旁边，让他调出几套近期方案的3D效果图。

我认真看了看，的确很时尚大气，喜欢！

设计师为我讲解设计上的细节，哪里是客户强调的，第一版设计是怎么样……客户的家他已经去了几次了，今晚等着客户来确认呢。我问起价格及使用的材料，3万4千元，4万2千元，真的是较低的价格就可以进行定制。设计师随即解释了他们如何通过"柔性定制"来控制成本。好吧，我的担忧烟消云散——虽然没有搞懂，但看来这么好的定制产品价格还是靠谱的！

2013年年底，我真的要装修了，是在家乡为父母买的一套房子。我竟然想都没想就决定把这项工作交给维意——咦，我怎么这么快移情别恋了呢？难道因为是自己的第一套房子就慎重起来了？

反正，这次没有想到宜家。我心想，反正是免费量尺、免费设计，先试试看咯！如果不是免费，一般人还是不容易接受陌生人上门服务的。维意定制看来有一套！

维意定制店内为顾客准备的茶点

家居顾问介绍产品

在约好的时间里，我和妈妈在小区门口等着，维意加盟店的老板、店长、设计师三人一起过来。他们在房间里环顾一周，夸赞说我们这一期装修质量是这个小区价值最高的。橱柜和木地板明显要好于上一期，我妈很认真地说："我们运气真好啊！"我对他们的印象也好了许多。

我们把空间的布局要求说了。店长很认真地在稿纸上画图，设计师配合测量各处的尺寸。我想把书房和衣帽间合并在一起，在做这个设想时，设计师多次问：你有很多书吗？真的需要装那么多书吗？你需要经常做饭吗？家里会经常宴请吗？饭桌是否要换成更实用的？有没有喝红酒的习惯？要不把酒柜换成吧台吧？……

其实，我们70%以上的时间谈的都是工作之外的话题。从我的工作到我妈的兴趣再到社区里的学校及再远些的高铁站，我们就像朋友一样聊天。在他们身上，我了解到很多以往不曾关注的东西，好像重新认识了自己的家乡。

3天后，店长打电话邀请我们到店里看方案。由于我在广州工作，一个月后，才到店里看方案。我们是在47英寸高清大屏上看未来的家，就像坐在自己家的沙发上看片子一样，客厅、房间每个空间各有两套风格。刚开始是反复地看，一想看出差别，二是不断想象我置身其中的感受。

客户新家

设计师上门激光量尺

说实话，我似乎没有太多兴奋，毕竟是电脑里虚拟的东西，当然，也许是买新房的兴奋期过了。

我们开始针对每个空间的布局提意见，这里加个柜子，那边换把椅子……维意定制的设计系统确实强大，只要说出来，通过几个步骤的操作就可以看到3D效果，我们的想法也在变化，有时需要反复几次，维意人都很耐心地陪着。方案确定后，更多是板材颜色的选择，在1个多小时的交流中，我对设计师的信任也在增加。我不得不承认，亲自做过上百套房子的人，审美一定在我之上，这是设计师的基本功。所以在颜色的选择上我们没有过多的纠结，直接采用设计师的建

维意定制设计师与顾客沟通设计方案

安装完后的客户新家

议。全程2个多小时，我们就决定了未来小家的风格和方案。

因为有了3D的效果，想象出来的空间更逼真，我对新居又有一点儿期待了。在他们的建议下，我又买了他们推荐的厨卫吊顶。

朋友们也在关注我微信中无意发出的信息。深圳的一个朋友竟然在没有比较的情况下选择了维意定制；另一个朋友咨询我她家的橱柜要怎么装好，我建议她将维意和另一个橱柜品牌比较一下，后来听说她直接选用了维意定制。

我北京的一位朋友，是结婚前狂爱宜家的那种，跟我一样，后来买了新房，却只是在宜家买些装饰用品，其他大件都用了国产的知名品牌。我问她原因，她说因为觉得宜家的产品似乎耐用性不好，自己的房子里的用品还是希望用得长久一些。

3D效果设计图提前看到家的模样

# 宜家用来恋爱，
# 维意用来结婚？

现在，我还是爱逛宜家。因为我喜欢那里喧闹和自在的调调。我可以完整走一圈，也可以通过快速通道直接到一楼的自提区直接买我购物清单里的东西。无论和朋友逛还是自己转，我都不觉陌生，更不寂寞，对它像我家附近的超市和公园一样熟悉。

宜家里大型的家具变化比较少，偶尔会大动一下，但软装时时有更新，让人总忍不住带上几件回家，不管需不需要，反正我也可以送朋友。一款杯子，我会买所有的颜色送给朋友。小小的心意，赠送者没有负担，接受的人没有压力。我也爱陪闺蜜们逛宜家，因为她们看到某个小物品的欣喜背后是她们整个家的幸福。10年，女朋友们从毕业到结婚到生子，我从打听怎么转地铁过去方便改为打听车停哪儿方便，宜家十年如一，像一个蓝色的巨人立在那里。我偶尔路过会看一眼，不追随，不崇拜，因为它一直都在。

**而在维意定制，每个进店的客人都成为焦点，不管你买还是不买，他们的热情和尊重就在那里。**我选用了维意，也成功把它推荐给了朋友。但是，在我们没有第二套新房装修计划的时候，我不会再去逛这个地方，因为，我害怕浪费导购小姐的热情和心意，在几次的接触里我清楚地了解到她们微笑背后的业绩指标，我更不好意思在没有真实需求的情况下接受一杯暖暖的咖啡和满满的热情。

维意定制小马饰品

最后，小结一下吧：一个是切切实实的需求——装房子我会再找维意定制，它的品质和服务我很信赖，毕竟整体风格很棒，又可以有局部调整，与房子完美契合；逛宜家是个人兴趣——我随时到宜家逛，边逛边选，我喜欢那里的小东西。

如果换一种说法，宜家是适合谈恋爱的，而维意似乎是用来结婚的，你说呢？

以上的文字来自一位80后女性，她以一位消费者的角度分享了在宜家和维意定制的购物体验，这可以当作本书的开始……

宜家海蓝玻璃花瓶

有人说，机遇像一把梯子，很多人不注意从旁边走开了，但有准备的人会发现梯子上有一束光，他会爬到梯子上去捕捉那束光。

# 创业篇

## 成功并非一条直线

# 高中创业不拼爹，拼行动力

广州东火车站附近，有一家家居卖场热闹非凡。即便是晚上，这里依然熙熙攘攘，人声鼎沸。这是宜家在华南的第一个大型连锁卖场，也是其进入中国大陆后继上海、北京后的第三家店。

虽然时间已经过去八九年，这里临近火车站、汽车站，停车不便，但这家店依然傲然挺立在路边，吸引着人们的目光和脚步，散发出独特的魅力。

提起宜家，想必很多人都知道。这是世界上最大的家居用品公司，其创始人英格瓦·坎普拉德（以下简称"坎普拉德"）是欧洲的首富，更被称为世界的"隐形首富"，据说财富与微软的创始人比尔·盖茨不相上下。

宜家是家居产业许多企业的偶像。有人开玩笑说，估计它的一部分人流是家具界、设计界以及装修界的观摩客，连它里面的小小配饰、杯垫、极具简洁创意的小烛台等都会给人们带来惊喜，甚至店里的指示牌，简约明快，温馨表达，极具魅力，都令人赞不绝口。

根据媒体的公开报道，2012-2013年宜家实现销售额279亿欧元，约合373亿美元、2000亿人民币。当然，数字只是印证实力的一种方式，人们传诵的更多是其创始

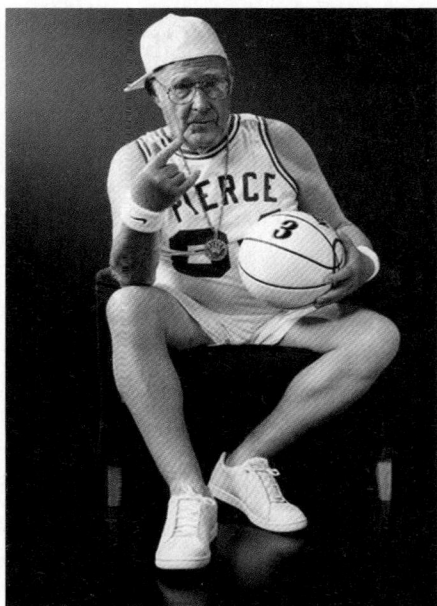

英格瓦·坎普拉德

人坎普拉德的传奇创业故事。

1943年7月，一个年仅17岁的中学生注册成立了一家贸易公司。这位中学生叫英格瓦·坎普拉德，他创立的公司就叫IKEA（宜家）。

**坎普拉德是一个瑞典农场主的儿子。虽然他当时年纪小，但做生意的资历却很深——做销售已经有12年了，17岁的他可以算是生意场的"老油条"了。**

据说，在创立公司之前，为了帮助困难家庭，从5岁开始，坎普拉德已经与他所能接触到的所有人做过交易。

当时，少年坎普拉德销售的货物包括腰带、皮夹、钟表、铅笔等。对他来说，以便宜的价格买进东西，然后再以稍高的价格卖出似乎是一个刺激和愉快的游戏——想必比现在的小孩子玩电脑或手机游戏还要刺激。坎普拉德沉浸其中，赚到的不仅是钱，还有日益增长的阅历和信心。

因此，冥冥之中，创业对他来说是一个"必然"的结果。坎普拉德在进入哥德堡商学院读书之前，用父亲给的一笔"学习奖金"创建了宜家。

不过，1943年的坎普拉德无爹可拼，而且家人集体反对他创业，因为他还不到法定成年人年龄。长辈们都语重心长地劝他缓一缓，不急在一时，明年再创业也不晚。连一直热心当他第一顾客的奶奶都苦口婆心地劝阻。

换作一般人，也许就这样放弃了，或者会等等看，但小坎普拉德却不然，这个念头一旦有了挡都挡不住。后来他找到他的叔叔埃里克，获得叔叔的支持，当天就把注册手续填好寄了出去。他甚至让叔叔边煮咖啡边填数据，可见他是多么急不可耐啊！

看来，创业者真正要拼的不是"爹"，而是行动力，它比思考力重要得多！

1943年，年少的英格瓦·坎普拉德在长辈帮助下建立了自己的公司，取名IKEA（宜家）

# 三人行，
# 枯燥的"中国合伙人"剧情

距离广州宜家店几十米的对面，座落着一家被誉为"Lifestyle Center（时尚生活方式中心）"第四代商业模式的东方宝泰购物广场。它与广州新羊城八景之一"天河飘涓"东站水景瀑布及东站绿化广场融为一体，号称广州最繁华的天河北CBD"商业圣地"。

2013年11月以来，习惯了在这里就餐、购物和休闲的人们发现，这家商场的地下三层也开了一家家居店。这家店面积虽然没有宜家那么大——只有300平方米，但房屋全套的家居都可以买得到，服务超级热情，性价比绝对超值。

更不可思议的是，这家店完全可以按照顾客的心思定制所有的家具，并且量尺、设计、送货、安装全免费，且可以终身保修更换零部件。

一些在宜家逛过没有下决心购买的顾客被这家店迷住了，而且很快乖乖地拿出银行卡刷出去几万元。这是什么店？它凭的是什么呢？

它就是维意定制家具。表面上看，这个维意定制似乎"很像宜家"，许多人亲切地称之为"可以定制的宜家"，因为在很多地方它们实在太像了，走廊式的摆设、温馨随意的布置、细节之处精心的配饰、公告标牌分类逻辑都很像，还有儿童可以玩耍的游戏区，洋溢着舒服的家的味道……

这是一家来自广东佛山的家具企业。佛山是中国家具之都，大大小小的家具企业成千上万个，比维意定制规模大的也有几十家，但何以维意定制能脱颖而出、备受关注？难道就是因为它"太像"宜家吗？

你错了。

 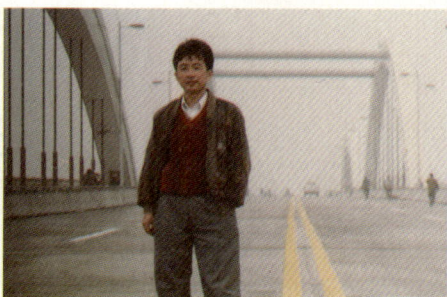

李连柱                              周叔毅

且看维意定制的自我介绍：一家集设计、制造、服务于一体的家具企业，于2003年成立。维意一贯注重用创新科技服务家具，在国内创新性提出数码化定制概念，解决了个性化定制与标准化生产的世界难题，探索出一条在家具制造中采用信息化与工业化融合改造传统产业的新路子，是行业中的服务标杆企业。

**这些描述比较概念化，不过，基本上概括了维意定制的特点：定制、信息化创新以及解决了标准化生产的革命性突破。**

与坎普拉德相比，维意定制的创始人现任董事长李连柱的经历像是一个三好学生，他华南理工大学机械系硕士毕业后留校任教。另外一位创始人周叔毅则是李连柱的同窗好友，在校时教授计算机图形学。两人在1994年下海创业，创办了一家名为圆方的计算机软件工程公司。后来，李连柱的一位学生彭劲雄也加盟进来。

这个创立于1994年的公司只是维意的前身。创建圆方的过程是一个关于"中国合伙人"的故事，只不过，比起电影《中国合伙人》的跌宕离合，这个版本显得有些枯燥，他们之间似乎没怎么红过脸，也没有分分合合的传说。

因此，这三个人就是维意定制的创业母体——圆方软件的全部资产。

20世纪90年代是个无法拼爹的时代。关于维意定制，还有一位元老级人物不能不提，他的名字叫付建平。

彭劲雄 　　　　　　　　　　　　　　　　　　　付建平

据介绍，维意原本由付建平创立，其名称和英语LOGO皆出自付建平之手，"WAYES"取自"WAY"和"YES"，意在寻觅一条正确可行的家具业发展路子。

2000年之后，板式家具迅速发展，然而当时每一家企业都面临着相同的情况：畅销的产品仓库里不多，滞销的产品在仓库里越积越多，成品都在仓库里，在排产的时候哪些家具多做哪些家具少做都是一个让人头痛的问题，每一年都在猜测什么产品能让消费者满意。当时各个企业都在摸索，希望将成品做到零库存，由消费者来引导生产和库存。维意也不例外。

当时索菲亚专注于衣柜，欧派专注于橱柜，维意要在夹缝中生存，必须做出选择。做单一的产品显然比不过它们，只有做全屋的家具才有竞争优势。

**据付建平回忆，刚开始创业是很艰难的，除了有定制和零库存的想法，付建平一无所有。最要命的是，谙熟计算机和产品研发的他发现非标准的产品如果没有软件介入很难发展下去，要通过机器生产就必须有软件技术的支撑。**

当时圆方软件已经在家居行业有一定的名气，彼时的李连柱正在考虑如何进军家具市场。李连柱、周叔毅、付建平三人会面后立即擦出激烈的火花。三人交流后一拍即合，2003年组建维尚集团，专门负责定制产品的自主研发和生产。

其实，早在创业之前，付建平在联邦集团工作时就和李连柱、周叔毅有过接触。用付建平的话说，他们三人之间有一种默契，各自默默地在自己专长的领域开展工作，李连柱负责营销和渠道，周叔毅负责软件技术，付建平负责家具产品及有关定制配件、材料的开发，同时负责工厂生产管理。

维意定制的传奇就此正式展开。

维意定制书房

# 抓住机遇

**企业从无到有、从小到大、从弱到强的发展，都是因为最早创始人抓住了机遇。坎普拉德曾说，宜家其实也是从急于模仿竞争对手的尝试开始，进入决定其命运的家居行业不过是偶然。**

各种资料显示，自来水笔是宜家公司开业之初的第一桩大买卖。当时坎普拉德的想法是：商人在哪里可以以特别便宜的价格买进商品？他进口过打火机、圆珠笔、文件夹、手表等，直至遇上了他最强大的竞争对手——做家具买卖的冈纳斯·法布莱克，他才开始涉足家具。1948年，他开始登出家具广告，并为产品命名。

这显然是一个"被迫"转型的故事。

圆方软件，不仅是维意定制驰骋定制市场的强大技术之源，更揭开了董事长李连柱商海故事的序幕。

"一间十几平方米的出租房＋1台电脑＋智力"，还有他任教期间奔跑在广东的一些企业客户。这是李连柱创业的原始资本，这是一家解决室内装饰设计的软件公司，属于"高科技企业"，这种方向也符合教师创业的智力为先的特点。

宜家

选择销售家具，

仅用了四年；

而李连柱

选择

进入家具销售市场，

用了整整十年。

这里面

谁走了正确的道路？

很难

辨得清楚？

维意定制餐厅

如果从"出身"看，今日的李连柱显然比当年的高中生坎普拉德"好"多了。坎普拉德身处战火纷飞的欧洲，瑞典因奉行中立而免遭法西斯铁蹄的蹂躏而让宜家有了生存之机；中国自20世纪80年代开始就飞驰在通向历史性繁荣的上升通道中，维意也因此获得飞速成长的机会。

圆方软件公司因具有核心技术而不断获得发展，1996年到1998年，公司每年的增长率在50%以上，通过直销、发展经销商和代理商、办培训学校等方式，圆方软件在国内装修软件市场的占有率达到90%以上，成为家居产业提供IT技术服务的领导品牌。

重要的是，他们的图形软件完全拥有自主知识产权，还出口到了国外。

但是，光环之下却是规模始终无法做大的现实。2004年，圆方实现的销售额只有区区3000万元，比起他们服务的家具企业的飞速成长，这样的数字有些"令人汗颜"。

李连柱一直在思考自身的"突围"成长之道。

现在，中国高科技企业渐渐开始吃香起来，可十多年前的情形真有点儿像20世纪80年代所说的"搞导弹的（收入）不如卖茶叶蛋的"。一些人租个厂房、找几个工人就开始搞家具，正好赶上房地产市场十年的火爆期，许多老板迅速有了几亿、几十亿的身家。

尽管圆方软件陆续扩充产品线，先后进入橱柜、衣柜、卫浴、建材、陶瓷、窗帘布艺等家居产业销售端设计软件市场，但家居市场火爆得一塌糊涂的企业老板们对这种创新服务根本提不起兴趣。传统企业不愿意通过信息化工具改进自己的服务，接受李连柱的软件非常困难。为了在新行业推广，他们甚至将软件送给企业试用，免费帮助企业导入，即便这样，依然响应者寥寥。

IT行业的人思路很活跃，如果找不到发展空间，会另择出路，企业就会因此出问题，这是李连柱担心的。北京分公司的一个小经理跳槽到一家企业，年薪几十万。这事让坚守圆方的同事们很受打击。

作为带头人，李连柱苦苦思考，积极行动。第一波互联网热潮来袭，他于2001年策划推出一个家居行业门户网站，后来又和伙伴们在上海开过一间橱柜店，均不算成功。直至2003年，几位股东和付建平决定联合创办"维意"，自己开店，进入家具销售市场。

**他们的最初想法是：专门使用自己的圆方软件，做个示范，让家具商们瞧瞧如何把虚拟软件与家具销售实际结合起来。他们先用软件免费给消费者提供数码设计方案，接着利用这个方案向消费者贩卖家具，并且是真真正正的"个性化定制家具"。**

相比宜家转型的被动性，李连柱的产业转型更多具有主动性，显然他最初希望树立一个软件应用的标杆，这是价值链思维的向下伸展。但无论如何，两家企业都把家具作为自己辉煌的发展起点，可谓殊途同归。

只不过，宜家选择销售家具，仅用了四年；而李连柱选择进入家具销售市场，用了整整十年。谁走了正确的道路？很难辨得清楚。

**"许多人是被环境逼着思考问题的，而我们正相反。"李连柱接受记者访问时曾这样说，"成功其实是一个机遇问题，了解机遇的大概方向更容易成功，但也须把握得当。有人说，机遇像一把梯子，很多人不注意从旁边走开了，但有准备的人会发现梯子上有一束光，他会爬到梯子上去捕捉那束光。幸运的是，我们知道定制家具是一个机遇，而且我们努力把握住了这个机遇。"**

# 年轻的坎普拉德哭了

1947年，坎普拉德开始将家具加入宜家销售的产品线。他通过与当地生产商直接合作，开创了制造商与零售商直接对接的经营模式，避开中间商，令宜家有效地控制了成本。

宜家销售的第一件家具是一个无扶手的简易沙发椅。在销售过程中坎普拉德突发奇想：既然商品编号难记，为何不给这张沙发椅起一个好听的名字？这样更能突出产品给人的第一感觉，利于和顾客进行情感上的交流。这种小小的为顾客着想的理念受到消费者的热烈欢迎，也让宜家家具迅速热卖起来。

接着，坎普拉德开始在媒体上刊登广告。广告上用了一句话**"请你们比较一下自己宰一公斤猪肉和在商店里买同样重量猪肉的价格吧"**，表明商店里的东西之所以卖价高是因为中间商的存在，宜家之所以价格低是因为去掉了中间商。这则定位鲜明的广告引起了众多消费者的注意。

凡事都有它的反面。低价策略成功带动了销售，但也为宜家带来一场严重危机。因为他打破了原来家居行业的经销模式，侵害了家具零售商们的利益，自然引起了后者的反弹。随着宜家的快速成长，这些愤怒的零售商携起手来，串通家具商会，宣布禁止宜家在家具展上展销家具，继而开始打压和排挤向宜家供货的家具制造商。

但是，20岁出头的坎普拉德却丝毫没有畏惧，他一个人独斗整个瑞典家具零售界，通过注册许多公司等各种方式，他和他的家具产品总能在展销会上出现；而与供货商的交易他们转移到了地下——偷偷摸摸进行，"像禁酒时期非法运输烈酒的酒贩子似的"。（《宜家之父——英格瓦·坎普拉德》）

这场战役是宜家成长道路上的第一场胜利，它响彻了整个瑞典的上空。最终，伴随着宜家的胜利，坎普拉德也获得了长着"七个脑袋的怪兽"的称号，成为"打不死的小强"、瑞典崛起的青年企业家。

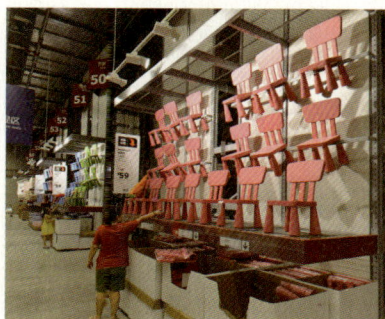

宜家玛莫特儿童椅

创业，哪是那么轻松的一件事？宜家走在颠覆别人的道路上，竞争激烈可想而知，还会遇到对手的打击，能够扛下来的成功者是极少数。人们往往羡慕宜家现在的雄厚实力与耀眼光环，孰不知，创业的早期，宜家创始人同样经历了常人无法想象的困难与痛苦。

维意走的是自己的定制家具之路，极具个性，虽然没有遭遇行业对手的围追堵截，但对这种创新的坚持却令自己更为孤独。维意定制诞生在中国房地产飞速发展的年代，许多家具企业因为市场高度繁荣放弃了在定制之路上的探索，而维意定制却因为坚持自身的特色而长期成为孤独的创新者。要想让商家和顾客接受一种全新的定制方式需要痛苦的市场培育过程。

# 营销拓荒之旅

"2003年，定制在橱柜方面慢慢进入成熟阶段，当时欧派开始慢慢长大了，同时（市场上）开始出现做衣柜的，有的叫入墙衣柜，有的叫整体衣柜，有的叫壁柜，市面上有一大批做衣柜门的……当时我们判断这个市场会越来越大，可能是第二个橱柜市场。"维意定制总经理欧阳熙回忆当初创业的情景时说。

这一年，原本是圆方软件销售经理的欧阳熙受命担任维意定制总经理。他带领三个人离开广州，进入佛山南海，与付建平的人马会合，开始了他们的维意营销拓荒之旅。

他们斗志昂扬。在初期的两个店获得不小的成功之后，他们想到的方式是开展连锁加盟，这是当时较为流行的模式，像复印机一样开店，销售额就会成倍增长。那美丽诱人的前景想起来就会让人振奋。

2004年7月，维意第一次亮相广州建材展，开始对外招商，将真实的加盟样板店搬到展会上，打出了"数码化定制家具连锁机构"的口号，取得了出乎意料的效果。

招商加盟看似一条捷径，但实施起来却困难重重。因为没有品牌的知名度累积，没有实力的背书，别人凭什么会相信一个新诞生的品牌？在欧阳熙眼里这些都是事实，但他的使命就是为此而来，没有困难的事情哪轮得上他？

在集体商讨之下，维意决定采取地面创业招商说明会的形式，配合空中广告宣传进行招商。两年时间里，他们采取降低加盟费、先打开市场的策略，通过团队的艰苦努力，竟然建立了50多家加盟店。

欧阳熙在圆方公司担任销售经理时，就是公司的业务拓展骨干。维意定制的发展与圆方的基因密不可分，当年的人事使用传统是每逢发展遇到问题的时候，李连柱往往就会直接从软件公司抽调人才。

在那时候，维意定制的强大执行力已初具形态。要知道文化人经商往往重智轻利，重情轻商，是知识上的巨人，行动上的矮子。但维意却在短短的时间内，在没有运作加盟经验、新进入衣柜市场的情况下就能招来这么多加盟商，可谓成绩斐然。

招商成绩看起来不错，但如何让这些加盟店成功运转才是大问题，为此，维意定制上至总经理下至技术员都成了安装工，为了千里之外的一个加盟商，他们可以亲自上门安装柜子，培训软件使用，协助其开发顾客。

欧阳熙至今还自称是安装柜子的能手，有时到了店里忍不住想动动手。

维意定制客厅

维意定制沙发系列海报

# 面对困难，扛得住

出于发展策略的考虑，维意定制在2006年撤出了广州市场，聚焦佛山市场。佛山是家居建材企业林立、市场高度竞争的城市，在那里发展无异于虎口夺食，再加上办公区域在非主流城市，人才是个大问题，招不到优秀人才，企业怎么存活发展？

这些难题似乎都无解，但"横着来"的维意却有办法一一克服，硬生生挺了过来，甚至因此养成了独特的乐观精神。维意人的口头禅是"困难就是用来克服的"。在欧阳熙的带领下，他们不但在困境中磨砺意志和激情，还在困难之中找方法，不但训练出一个规模越来越大、能征善战的团队，还潜心琢磨市场，贴近客户积极探索，一方面建立直营店，将其作为模板在全国范围内复制，另一方面成立了加盟扶持团队协助加盟商开店，迎来了公司的高速发展。

创业艰难，维意定制的艰难之处，更体现创新之路上的探索。这更为冒险：因为没有前车之鉴，面向的也是新市场，还缺乏资金支持，只能一个单一个单地从顾客那里寻求"点赞"。可以说，维意定制的市场是硬磕出来的！

创业考验的不但是创业者的眼光、行动力，关键一点是要扛得住。

方法总比困难多

经验不是天生的

干着干着就会了

维意在过去的成长中遇到的更多是内部发展的难题，而没有遭遇到与家具厂家或渠道巨头们的正面冲突，这种"和平崛起"的成长历程是相当罕见的，因为目前的它还在加速扩张。

这也证明，在创新市场、创新渠道、创新产品乃至生产上，维意定制均有相当独特的方面，虽然说不上独一无二，但完全相同的企业确实寥寥。仅有的也只是向维意学习的定制类家具同行，他们的规模还无法与维意相比，一些所谓的定制企业并非真正意义上的定制，而只是局部或实现了一定模块化选择的定制。

宜家之所以卖家具是因为有利润，维意之所以卖家具是因为它相信自己的软件真的对顾客好，两者考虑的出发点都是对顾客的价值。宜家采取的是F2C（工厂直接面对顾客）的经营方式，将中间的批发商环节的利润打掉，直接让利给消费者，从而大大降低价格；维意则卖的是设计和服务，强调的是消费者的个性选择与满足。

**也就是说，从初期看，宜家强调的是价格，维意强调的是消费观念，所以宜家容易引起消费者和媒体的关注，而维意以免费量尺和免费设计吸引消费者，客观上而言属于涓涓细流式的渗透——现在看来个性消费是未来的趋势。所以，前期的发展上宜家快、维意慢也带有很大的必然性。**

不过，两家企业的创业信念似乎出奇地一致。坎普拉德在回忆创业时光时曾说："无论什么事情都会有困难，关键在于你是否有勇气在困难中继续前进。无论有多大困难，只要我们动手去做，事情总会好起来。"而李连柱不但经常冲在前面，也鼓励团队勇于探索，他常说："方法总比困难多，经验不是天生的，而是后天学来的，干着干着就会了。"

看来，困难是创业者的长期伴侣，也是创业者的磨心之石。如果没有这方面的精神和意志，遇到困难老想着绕着走，走捷径，或者犹疑不定，那么创业将时刻面临一场灾难。

# 抓住身边的同志

1948年以前，宜家只是一个家族公司，或者说是坎普拉德这位独行侠一个人的企业。这一年宜家雇用了第一位职员，有了帮手之后，他的视野更宽了。

1951年，强势的坎普拉德遇到了一位得力干将斯文·高特。后者成为原本是家族公司的宜家的主要成员之一；而2004年的李连柱不但有周叔毅、彭劲雄两位黄金搭档，圆方更汇集了许多人才，原软件销售部经理欧阳熙就是其中颇受李连柱喜爱的一位。

据说，坎普拉德与斯文·高特的会面颇具戏剧性。那是一个春天，他赶赴一个普通的约会，约他的就是斯文·高特。两人相见恨晚，倾心交谈，聊着聊着，两个人都觉得饿了，就到厨房边吃东西边谈，据说后来在厨房里聊了整整一夜。

在坎普拉德的回忆录中，他这么评价斯文·高特："他是定价方面的首席。"显然，这对于以价格取胜的宜家而言十分重要。斯文·高特进入宜家之际，宜家正处于发展与困难的十字路口，一方面，零售同行正在打压宜家；另一方面，邮购行业的价格竞争相当残酷，陷入恶性循环。价格大战影响商品的质量，家具也不能幸免。越来越多的人开始抱怨宜家家具的质量问题。尤其是在邮购的消费环境下，顾客无法直接接触商品，只能仰仗广告或者商品目录的说明进行购买。

此刻的坎普拉德面临的是何去何从的重大决定：要么听任宜家自生自灭，要么找一条既可以保持消费者的信任又能盈利的新出路。

斯文·高特加入后，为内外交困的宜家提出了一个新方向——自办家具展览。1952年，他们决定采用一种长期性展览加销售的家具经营方式，解决过去单纯邮购模式下恶性价格战带来产品质量下降从而失去消费者信任的问题。这种方式可以让顾客亲眼看到不同的家具，并且可以对不同价位的商品质量加以比较。

就这样，将邮购业与家具商场合二为一的宜家家具专卖店正式诞生了。"我们是头一家。事实上，这是我和斯文·高特的一大发明。"坎普拉德在其回忆录中如是说道。

专卖店的成立，标志着坎普拉德转变成了一名家具经销商。从这一年起，宜家清仓处理了除家具外的各种小件商品，开始专注经营家具。这也是宜家家具卖场的开端，宜家也由此开始了向外发展的步伐。

相比坎普拉德，创业时的李连柱像个"天真"的老师，与同学、校友周叔毅合伙时选择了两者均享股份，似乎完全没有考虑到未来发生危机的情况；后来彭劲雄加盟，三人均分股权。

同样，李连柱和周叔毅、彭劲雄的同窗、师生之情何尝不浓烈？彭劲雄原本是李连柱的学生，在软件公司实习，李连柱发现他在软件技术方面的天分，力邀其加盟。后来考虑到他所做出的贡献，李连柱与周叔毅商量，三人均分了股权。他们被誉为华南理工大学的"铁三角"合伙人。

再后来付建平的加入令团队更为强大，合作变成了"铁四角"。当市场前端在如火如荼地发展加盟商、开拓市场的时候，负责家具工厂的付建平董事在定制工厂的早期建设中发挥了重要作用，并在后端专注于产品开发及生产、负责材料配件开发、负责工艺及设备等一系列工作。

家不仅仅是家具，

家投入的是：

情感、智慧和创造力。

定制是为你随需而变的用心，

是对人对物的高度尊重，

经此而诞生的家是有灵魂和生命力的，

它们的价值不能也不适合

用简单商品价值来度量。

这种股权分散的运作体制让无数人担心、惊讶，因为从创业角度看，这似乎是最不稳定的体制结构。但奇妙的是，正是这种信任、谦让、分享、合作构成了维意独特的文化基因，反而令公司更加稳固。

无论何时
无论何地
我们总是
在一起……

# 选好带头人，支持他

在进入维意定制之前，欧阳熙在圆方做了三年软件销售工作，已经熟悉了李连柱他们打造的文化，而他在李连柱等高层眼里也是一员"猛将"。

对于这次任命，欧阳熙知道肯定比做熟了的软件销售更苦十倍，但他没说二话，即使知道新公司要人没人，要钱没钱，自己也要当这个总经理，"在我们公司，领导找你商量是给你面子，给你机会，你当然可以拒绝，但在我们公司都不会不接这个面子。"

"我们集团有一个理念，哪里需要做新产品，就从圆方挖最优秀的骨干去做。打造维意这个品牌，最初就是从那里调兵遣将的。"一次接受网络媒体采访时，他如是回忆。

对于欧阳熙而言，定制在软件设计技术上不是难题，难的是如何打开新市场，把"定制"的理念植入消费者心中。虽然欧阳熙很擅长销售，但那是B2B（企业对企业）业务，面向的客户是企业，现在他要面对的客户是普通的家庭销售，他也是大姑娘上轿——头一遭。

不过他知道，李连柱董事长不会不管他，因为后者经常鼓励他，什么事情都是从不会到会的，用心使力就好。而且，李连柱经常和维意团队在一起，分析问题，寻找方法，打开市场。

就这样，欧阳熙带领团队在佛山这个中国家具业之都开始了拓荒之旅。在市场推进中，他的经营才华迅速显露：

2004年，维意首创"全球第二代"整体衣柜，这突显出维意的差异化经营思维。所谓的"第一代"是指竞争对手推出的板式衣柜，而维意推出的是独特的金属框架与板式结构的融合设计。这个小小的差别被维意放大成一代的差异，显示出维意团队强大的营销能力。

第二年，维意首次提出"先定家具后装修"的消费观念，试图引领消费者的观念升级。过去许多家庭都是先进行装修设计再买家具，但这容易带来很多困扰。显然，这一观念的提出针对的是消费者的"痛点"。

2007年，维意将原有的衣柜书柜定制全面升级为"全屋家私定制"；次年推出魔方系列家具，这种品类的增加和着力于产品显示出维意一直在深挖消费者的

圆方软件时期的欧阳熙

需要，并及时进行改变。2009年8月维意荣获全国工商联颁发的家居业十大时尚品牌。

2010年，维意制定"到家策略"，在服务上发力，全面实施"到家行动"，从此确立了"维意的核心竞争力就是服务"的观念。

李连柱确实一直在欧阳熙身边，和维意团队一起商量思路、确定方案、讨论执行细节，无论多晚都会和他们在一起。由此开始，"在一起"成了维意的文化传统，每当有新项目或活动，维意的领导们都会在普通员工身边，陪着加班，陪着为胜利狂欢。

2007年3月，在市场快速启动的时候，付建平管理的维尚工厂还在采用传统的模式生产，生产速度已经不能满足市场需求。供货滞后、发货混乱等一系列的问题发生了。那段时间里，付建平恨不得把所有时间都用在工厂，每天半夜回家只能睡两三个小时。

李连柱、周叔毅和彭劲雄组织攻关小组（名为"生产力促进小组"），启动信息化技术改造传统家具生产项目。周叔毅作为技术总监驻在工厂，用信息化的思维解决定制产品的生产、仓储等问题，仅用了8个月时间，"大规模定制生产"信息化系统便研发完成并成功上线运行了。

**维意定制的出现实现了两个颠覆：**

**一、颠覆人们印象中定制产品的"贵"的观念，让定制更加大众化。这要归功于它借助信息化技术实现了大规模定制化生产，既满足了客户的个性化需求，又实现了生产的流水化高效生产。**

二、颠覆了人们印象中定制产品无法大规模生产的观念。也就是说，不管消费者的订单规模多大，维意信息化工厂都能实现高效的生产。这是一场生产模式的革命。

广州建材展期间，客商到维意定制店面考察

当一亿人每天多次通过移动互联时代到来，消费者阅读视觉习惯改变，传统媒体下滑，新媒体崛起，媒体格局发生裂变，因此，企业的营销策略和广告投放也相应面变。上央视，砸广告的时代成为过去式，代之以精准、互动、拉动销售为核心。维意在 2014 年一系列的营销创新，便体现了这种变化。从一个个体的变化或许可以预见未来中国企业将开启营销变革的大幕。

坐落于广东佛山的维意定制家具（简称"维意"）在 2014 年的战略部署中提出营销创新落地，对以往的营销和广告投放做出彻底变革，转变为以"娱乐"和"有意思"为关键词。

过去十年，维意依靠前端一对一设计，后端解决个性化定制和大规模制造这一独特的 C2B 模式迅猛发展，在行业内具有相当的名气。但维意总经理欧阳熙不满足于行业领先，而是将目光放眼到整个企业界。他认为公司相比之下仍然处于成长期，属于创业阶段。在营销资金与财大气粗的大品牌（如外资企业）尚有较大悬殊的情况下，如何达到营销目的，做出自己特色，一直是他思考的重心。

"必须变，要有创新的做法，不惜自我革命。行业普遍做的事，我们不一定做，即使做也变换一种方式。"这是欧阳熙的思路。创新不是漫无目的，而是围绕营销的本质变革，一方面，让更多的人知道维意的理念是"把少数人的定制变成多数人的生活"，让更多的消费者认识和知道维意定制，进一步扩大品牌知名度；另一方面，让更多的消费者接受和选择维意定制，提升公司销售额。

娱乐路线：企业广告投放通常的几种模式是，传统新闻类投放、评论节目投放、电视剧投放、综艺娱乐节目投放等。现代城市人白天工作压力大，晚上回家看电视往往倾向于一些轻松愉悦、能让自己放松的节目。如果同时还能够增加一点知识那就更好了。符合这类特性的节目比较受欢迎，容易火。比如，湖南卫视的《我是歌手》、《爸爸去哪儿》、浙江卫视的《中国好声音》等。维意定制不是普通的售卖一件家具产品，而是一种定制生活，一种时尚体验，因此在广告投放方面选择走娱乐路线。以前企业在央视挂广告就表示牛，现在消费人群的收视习惯发生了改变，一线城市的白领很少看央视。而且，还有一个趋势，消费者不会忠于某个电视渠道，而是根据忠于某个节目，只要这个节目好，不会在意哪个电视台播放的。维意的客户群主要在一二线城市，他们看节目的习惯发生了变化，企业不可能扭转，只能适应。维意在有限的资金额度下，选择"内容为王"，哪个电视台有火的节目内容，就选择哪个渠道投放。一档电视节目会不会火。播出之前谁也不知道，如果选择了没有火的节目，就会造成费用的浪费。而如果在节目火了之后再进入的话，费用就相当高，同样是浪费。在节目即将变成热点的时候切入进去，是最稳妥和理想的做法，但这种判断需要专业的研究分析，丰富的经验，有时还有运气成分。据称，湖南卫视《爸爸去哪儿》原定的冠名商在开播前选择退出，换成了后来的三九感冒药。欧阳熙没有找专门的分析机构，主要通过跟行业内外的企业人士交流、探讨，以及和媒体人士沟通，感觉一些变化，抓捉信息：面对众多信息，根据年初制定的方针进行筛选和决策。在新的一年，维意不选择权威媒体，大幅减少了央视广告投放，剩下的一小部分投放形式也改变了，原来就是简单的投硬广，现在更多的是节目捆绑，图用户形成互动。

# 成长篇

## 它们为什么高速发展？

理论家们经常着迷于企业家如何审时度势，在正确的时间正确地决策，是基于战略还是策略？有没有经过充分的调研和充足的人力财力准备？这些对企业家而言都只是事后的沙盘推演。

# "消极地工作
# 从来就是不划算的"

20世纪50年代是坎普拉德事业的上升期，同时也是他痛苦深陷的阶段。他的母亲死于癌症，接着他和结婚11年的妻子离婚，这令他深受打击。

在事业上，他的经营方法遭到来自邮购市场的诋毁，整个家居行业由于感受到宜家的威胁而联合起来，对宜家进行各种形式的抵制：供货商们拒绝同宜家打交道，即使愿意合作也必须明显地改变设计样式，否则会遭到其他经销公司的排斥；同时，宜家被禁止参加交易，即便以个人身份参加。

抵制和恐吓不断升级，甚至交易会的经理会专门找人阻止坎普拉德进入，对此，坎普拉德总有办法解决对手制造的困难——他在交易会附近专门租一个仓库进行展销，同时出其不意地公布让竞争对手们难以想象、也不敢跟随的价格，让他们防不胜防。

但抵制和排挤毕竟给宜家带来了高成本和太多的难题，其中最要命的是公司无法按约提供商品，造成信誉受损。因此，有好长一段时间，坎普拉德非常痛苦，但他依旧鼓励自己："只要我今天动手去做，那么事情就会好起来。"

其实，斯文·高特进入宜家之时，正值邮购行业激烈竞争、宜家广受排挤的时

宜家菲斯达台灯和维特台灯

候，重重危机之下，他们创造凸长期家具展览与销售的做法，现代经营理念上的宜家诞生了。

创新带来的效果是如此明显，令一度担心产品塞不满6700平方米大厅的坎普拉德不敢相信自己的眼睛。开业当天，商场门口足有上千人在等，他担心的问题反而是："我们能否提供足够的甜点？"因为他之前"承诺为每个出席开幕式的人提供咖啡和甜点"。（《宜家为故事》）

最后，宜家凭借自己的力量赢得了这场反击战的胜利，它以破纪录的速度成长，在三个最重要的城市拥有了自己的展销基地。

坎普拉德在回忆这段历史的时候说："靠着自己，我克服了抵制时期的绝大多数困难，并得出这样一个结论，消极地工作从来是不划算的……如果双方公平地争斗，谁知道我们还能不能像现在这样成功。我们不断寻求新的发展方法，从而反败为胜。"他说：**"在宜家的经营哲学里，整个这件事可以凝炼出一条黄金定律——把每一个问题看作是一次机遇。"**（《宜家的故事》）

李连柱常说的一句话似乎异曲同工："犯错比原地踏步要好……每个人都会犯错，关键是从中汲取经验教训，不再犯同样的错误。"在维意项目的推进上，他独具慧眼，展现了独特的领导力，鼓励下属"不怕犯错"。维意工厂初期走了不少弯路，做了很多无用功，但他始终没动过换人的念头。

成
长
篇

一切没有设计的家具都是纸老虎

# 从顾客出发，颠倒做企业

定制是一个看起来相当古老的概念，据传农业社会就有了，那时叫量体裁衣。进入工业化社会，定制经济一度消失了。现在，它又回来了，而且被时代赋予了全新的使命和个性。

**专家分析，定制将成为互联网时代最具影响力的商业模式。美国媒体预测的"改变未来的十大科技"中，"个性定制"排在首位。这个预测比维意的出现晚了整整10年。**

总经理欧阳熙一直记着李连柱的提醒——关注顾客。因为只要顾客满意了，付钱了，加盟商和企业自然会有钱赚。不熟悉家居行业不要紧，不熟悉加盟连锁不要紧，不熟悉开店也没关系，关键是心中要有顾客。至于没有经验，"没有人天生是有经验的，干着学着就会了"。

有调查显示，维意定制诞生前后的那几年间，定制家具市场份额每年以 20% 的速度增长，发展潜力很大。不过，定制家具的概念却有被滥用的嫌疑。大多数美其名曰"家具定制"的企业，其实还处在简单地改变尺寸、颜色和材质的层面，而且许多大的家具企业根本看不上定制业务，将它视为营销噱头，因为批量生产的效率很高，他们不屑于做个性化定制这种事。

欧阳熙决心做出真正的定制，做"定制界的专家"。**这是IT人的思维。他们和整个市场的销售思路不一样，别的企业——我设计一套东西出来，生产出来摆在这里，你喜欢就买走；维意的做法是——你想要什么东西，你喜欢什么东西，我们帮你设计，你确定下来，我们帮你生产。你看，维意有多横？！思维完全颠倒过来了。**

真正做到这一点殊非易事。虽然两家试验店开得不错，但再往下开牵涉到资金问题，况且，这也不符合社会化分工的要求。分析起来，招商加盟似乎是较好的选择。

维意靠着一股拼劲，利用各种展会和创业加盟说明会，在全国招揽了50多家商家加盟，招商金额达上百万元。但问题出来了，这些小商户没有开设定制店的经验，甚至缺乏经营的能力，怎么办？于是很长一段时间，维意所有的业务人员、设计人员包括总经理四处奔波，帮助经销商安装展台、协助开业，甚至帮助接待客户……

业务逐渐上来了，但生产跟不上了。原来李连柱想的是轻公司运作模式，只专注于需求的挖掘，生产外包，但后来发现外包厂无法跟上公司发展的节奏，更要命的是，无法跟上维意的思维。即使佛山是中国家具业的重要集散地，仍然没有工厂能够为维意配套——这本身说明维意的定制模式是多么新颖。

几位董事经过商议，决定用信息化改造原来的工厂。他们认为，办个工厂不难，真正难的是"个性产品+规模"，这背后是成本和效率问题。李连柱、周叔毅和付建平等人经过商议，挑选的厂长是出身软件公司的，他叫黎干。

中国企业习惯了拿来主义式的创新，现在忽然没有了借鉴，这对李连柱等人是一大考验。

黎干

这没有难倒他们。理工科的背景以及IT工程师的思维显然起了关键的作用，他们把所有的问题分解，看问题具体在哪些方面，讨论如何通过技术和人工一步步解决：5件订单，50件，300件……后来可以实现1000个订单部件化生产，经过派驻工厂的"生产力促进小组"的信息化改进，现在维意工厂可以一批次同时生产数千个部件，一天生产十几个批次、七八万个部件。

生产上的有力支援令欧阳熙的市场征战再无后顾之忧，围绕顾客的需要，他们2007年升级为定制家私，产品由单一化向多元发展；2008年推出魔方系列家具，后来开始讨论做系统柜，进而延伸到现在的全屋家具……

作为集团董事兼管产品研发中心的付建平在广州待了三个月（平常他在佛山南海），和研发中心的同事以及圆方技术员开发出一系列系统柜，完成了基本框架和各种基础单体。

付建平说，维意这几年的高速发展很大程度上是由这个产品体系带来的。后来与对手拉开销售差距也得益于该产品体系。每一次的延伸都有诸多挑战，意味着团队的一次涅槃，但他们没有停止前进的脚步。

顾客不是需要一张床，一张沙发

而是一个空间，一个家

2011年，他们开创了Shopping Mall自营模式，将维意定制开进了刚刚兴起的Shopping Mall中，取得了出人意料的战绩。进入2014年，家居行业普遍面临发展的难题，越战越勇的维意却忙于四处开店，推进Shopping Mall战略，采取"加盟+自营"模式，准备实现业绩上的再度翻番。

维意定制总经理欧阳熙在接受新浪家居采访时说："我们所做的一切只是希望令顾客满意，为消费者带来更好的定制品质。" 他说，维意的核心优势是"能够为每一个顾客，提供高品质的、一对一的设计服务，而且是全屋设计和服务"。

维意认为，**消费者需要的不是一张床，一张沙发，而是一个空间，一个家**。正是基于以上的理念，维意建立起庞大的设计师队伍，让每一位消费者都能享受到一对一的服务，首先实现"想要什么就设计出什么"，然后实现"想要什么就能生产什么"。

# "横着来"，
# 开创Shopping Mall模式

位于佛山的东方广场，是一家2011年新建的Shopping Mall（购物中心）。以前，家具企业基本上都不敢进驻这样的商场，2000年前后曾经有龙头家具企业做过类似尝试，但最终铩羽而归。原因有两个：**第一，在传统家具卖场，消费者的目的很明确，就是来买家具。百货商场虽然客流量大，但顾客不是家具销售的目标群体，也没有这样的消费习惯；第二，商场的租金非常贵，往往是传统家具卖场的两三倍甚至更多，在这里开家具店，能否支撑高昂的租金成本是个很大的问题。**

但IT出身的欧阳熙却没有受这些条条框框限制，他们内部对东方广场有过评估，在Shopping Mall里面开专门店，可以增加维意定制家具的曝光率，有很好的宣传效果；加上这里是佛山禅城区最成熟、最大规模的商业购物中心，集服装、百货、餐饮、娱乐于一体，附近没有像样的大型商场。因此，虽然商场原有规划中根本没有家居行业，维意定制仍决定进驻。

东方广场店开业了，第一个月的业绩可以用"惨"来形容——营业额只有30万元，相当于原本几十平方米店面的营业额！第二个月，仍然很惨……

怎么办？承认这一决策失败？你也太不了解欧阳熙和他率领的营销团队了！既然

决策了，再困难的硬仗也得打，打不赢只能怪自己！欧阳熙横下一条心，迅速点将，将直营部副经理、善打硬仗的陈小凤叫到办公室："公司希望你能到东方广场店……你接不？"

陈小凤知道这个选择意味着什么，因为内部曾有人说："东方店是个神都救不了的店。"如果她挑这个头，可能会将原来的荣誉都搭上。但她没有犹豫："接！"因为她对领导的风格很了解，当领导跟你商量的时候，你说"yes"就对了。即便你说了"No"，他也会用一百个理由说服你。

回到部门，她立即召集她的营镇团队开会："我要过去。你们跟不跟我走？"结果，她的团队竟然没有一个说那边远、不想去。就这样，陈小凤和她的团队第三个月就接管了东方店。

他们一接手就采取了完全不一样的思路：一方面整合自己原来的顾客资源，另一方面积极拜访并开拓新客户，同时，在活动营销中与东方广场里的餐饮店结合，为就餐的顾客送纸巾和促销微卡，这种有创意的方法带来了大量客流。结果靠着"横着干"的经营思维，东方店当月营业额就一举突破了100万元，后面两个月业绩继续刷新：150万元、200万元……到2012年12月，东方广场店的月营业额已经突破300万元！

真是一个领导横着来，下面有一帮人敢横着干！

这个业绩极大地振奋了维意的信心，三四个月之后，维意又在佛山三水广场开了营业面积大约600平方米的第二个Shopping Mall店。接着，他们又在北滘广场、顺德大良的永旺广场等相继开了5家维意店。这5个店2012年总销售额竟达6000万元！就这样，一个新模式诞生了。

欧阳熙坦承：Shopping Mall模式不是他"率先想出来的"，而是"率先干出来的"。

开在Shopping Mall里的定制品牌

维意定制内部流传的一句口头禅是："先打枪，后瞄准。"意思是强调执行力，在奔跑中调整，"如果先瞄准，再打枪，可能机会就没有了"。

欧阳熙认为，为了工作，要鼓励员工的个性，让他们充分发挥，但也要符合公司的规则。欧阳熙亲和，但也会在很多时候显露出"独断"的一面，而且据说相当果决。对此，旁人的解释是，总经理毕竟肩负着完成业绩的责任，而且站得高，思考的是全面的东西，不可能完全以民主的方式来进行。

# 将低价做成核心能力

宜家的低价定位策略的确立要追溯到20世纪50年代。当时，坎普拉德去意大利参加一个家具交易会，白天看到的是最现代化、最豪华、最昂贵的家具陈列，晚上，他步入意大利的普通人家时，看到的只是廉价甚至有些丑陋的家居装饰，这一反差让坎普拉德深感震撼。

因此，宜家从一开始就宣布自己的低价定位——这固然也出于与家具同行对抗的需要——定义为：为普通大众的日常生活创造一个美好的未来。"无论你的梦想是什么，不管你在哪里，不管你的钱包有多瘪，我们会和你站在一起。"

坎普拉德做到了，他将低价做成了一种核心能力。

在宜家的专卖店里，随处可以看到贴在墙上的经营座右铭："**宜家将以低价提供大范围的设计优美、功能齐全的家居用品，保证大多数人有能力购买。**"

（《宜家之父——英格瓦·坎普拉德》）

成本一直是坎普拉德管理宜家的头等大事。好产品和人们买得起的产品之间存在着很难逾越的鸿沟，宜家正是在这里发掘出了发展空间，在每个环节孜孜不倦地寻找着削减成本的可能。

宜家悬挂饰物

《环球企业家》有报道分析，在中国宜家，一套包含衣橱、衣柜、床头柜、茶几、床五件商品的TRYSIL产品的售价低于3000元。价格之所以能如此之低，原因在于，宜家通过设计可令原材料的利用率达到99%，能够最大限度地避免材料的浪费，从而节省成本。

另外值得一提的是，宜家的"扁平封装"理念。根据宜家测算，每节省1%的物流仓储空间，宜家在全球范围内便能够节省600万欧元。

**为了降低成本，宜家把许多工作做到了极致。首先是从成本控制入手反推设计，宜家宣称"最先设计的是价签"，即先定价，再设计。为了保持低价，宜家的设计师们想方设法"节省"。**

《宜家低价战略背后：完整控制供应链》（《第一财经日报》）介绍：宜家的邦格杯子选用绿色、蓝色、黄色或者白色，是考虑到用这几个颜色比用其他颜色的成本低；为了降低储运、生产成本，设计师把杯子设计成锥形，可在短时间内通过机器。后来宜家又对杯子高度、杯把形状进行改造以便于叠放，节省了杯子在运输、仓储等环节占用的空间。

在储运方面，宜家采用平板包装，方便顾客搬运并独立进行组装；宜家则节省了成本，保持了产品的低价格优势。此举大大降低了产品的运输成本，也降低了家具在运输过程中的损坏率。

在宜家产品的定价中，物流成本占到总成本的1/3。为了减少物流成本，宜家在中国市场，与中国供应商一起开发适合本地的产品；优化供应链，比如58%的产品直接从供应商送到商场或者终端消费者那里，据说到2020年，这个数字将达到75%。

除此之外，宜家还有很多降低成本的办法，比如将卖得好、需求量大的商品反馈给供应商，后者就有动力进行生产改造，越有规模，成本会越低；比如，宜家

维意定制现代蓝调

会帮助供货商进行信息系统的改造，以便他们能根据宜家的卖货动态规划发货计划和生产计划；还比如宜家提倡消费者自助提货、安装，尽量减少店里的服务和安装人员，不设置导购人员，等等。

在《一个家具商的誓约》一书中，坎普拉德指出，产品开发是公司实力的表现，可以大范围低价供应精美家居用品，尽可能地保证更多人能够买得起。这是宜家的精神，更是坎普拉德的风格。

身为亿万富翁、宜家掌门人，坎普拉德在公司的时候与职员一起吃工作餐，从来都是自己付账。他从未买过特别的服饰，每次坐飞机也必须是经济舱，旅店也是比较便宜的……"节俭不仅是一种美德，更重要的是可以降低成本而以此来降低家具的销售价格。"（《宜家之父》）

**仔细比较，维意定制和宜家在很多方面的确很像。宜家是通过标准化的构件与搭积木式的组织产品满足了消费者千变万化的个性需求；维意定制通过木板的组合满足个性需求。宜家拥有上万个产品，包括厨房、卧室、照明、储藏、卫生间等系列；维意则是全屋定制，也就是以家具为主，房屋里的东西基本全包。它们都以家庭为对象，通过巨量的方案选择、强调设计元素来满足顾客的个性需求；它们都为消费者提供了方便的一站式购物体验。**

维意强调的是大众化的私人定制，而"保持低价"是宜家几十年来不变的经营秘诀；前者依赖生产的效率提升最终完成，后者则除了去除中间利润因素外，更将低价优势变成了一种经营哲学。

那么，维意的成本是如何降下来的呢？

# 用"信息化"系统降成本

**维意定制的理念是"将少数人的定制，变成大多数人的生活"。与宜家一样，他们盯的都是"大多数"。既然如此，维意显然也要有能力提供适合大多数人的价位。维意是如何做到这一点的？**

这要归功于维意定制每一个环节都被"信息化"武装，信息的运用不但贯彻全流程，而且极有效率。维意实现的大规模定制生产线让个性化与效率这对"冤家"变成了"亲家"。

一直以来，家具定制意味着高成本、高出错率和较长的生产周期，而维意一个产品订单的生产周期能缩短为10天左右。维意工厂一天生产2万多件产品，出厂8000多包部件，机器可以根据尺寸切割，并且可以实现优化剪裁，材料利用率达到93%以上……这些综合效率的提升让维意定制走向越来越多的普通大众。

维意定制采用的板材（2014年以前）是统一的中密度纤维板，简称中纤板。集中采购板材可以有效地获得议价权。

在包装与物流上，维意比宜家更进一步，家具全部采用扁平包装，更加降低运输成本、节约运输空间。

在仓储上，维意比宜家更"节省"。因为它完全是消费者定制的，物流公司直接配送至消费者家中，实现零库存，不再需要各地设立中转仓库。

维意的工厂和店面彻底打通，消费者能在电脑上享受选择、虚拟体验的数码云设计服务以及专业设计师的"人工服务"。下单之后，这个订单从产品各部分的生产环节到订单的打包，再到配送，一切都高度信息化、标准化。

这些成本的降低不是一点一点"抠"、"省"出来的，而是基于信息化基础上的集约、规模和模式创新实现的。从消费者到后方生产的彻底打通也让C2B的模式与组织建设得以实现，维意这个"定制专家"的名号实至名归。

这些综合优势让维意在行业内拥有了相对自主的定价权。尽管维意提倡的是让定制走入寻常百姓家，但它并不想将价格作为主要的诉求；尽管和宜家一样，倡导的是个性化的消费和一种生活方式，但维意认为，自己的核心价值是设计与服务。**"我们不可能再造一个宜家，我们就是要把自己的事情做好。"**李连柱强调。

维意定制青春探戈儿童房

# 采购和市场同步扩张

1953年，来自顾客的需求让坎普拉德不得不走出国门，寻找更多的供应商——尽管瑞典国内有些厂家已开始向宜家提供木椅了，但缺口仍然很大。

他的第一站是波兰。波兰人的热情欢迎让在国内备受排挤的宜家感到温暖和鼓舞。在那里，他收获了一个优质的供应商和几个同舟共济的朋友，那里也成为宜家的第一家海外生产基地。也就是说，宜家的海外扩张是率先从采购开始的。

十年后的1963年，宜家才有了海外的第一家商场，地点选在挪威奥斯陆。很快宜家又进入丹麦和瑞士市场，接下来又成功进入德国——全球最大的家具市场。

之后几乎每一年都可以看到宜家在海外攻城略地的消息：1975年，澳大利亚；1976年，加拿大；1977年，奥地利；1979年，荷兰；随后宜家成功开辟了英国和美国的家具市场。

**每隔一两年进入一个国家、开设一家商场，从中看出宜家很审慎，绝对是稳扎稳打型做派。**

20世纪80年代，宜家加快开设商场的步伐，新设43家专卖店，让宜家产品走进了

宜家自助购物车

世界各地的千家万户。整个20世纪七八十年代，宜家迅速推进国际化，在三十多年的时间里，宜家凭借耐心、努力和进取成为了地跨欧洲、北美洲和大洋洲的家居卖场连锁集团，以功能多、造型美、价格低的系列大众理念家居用品和连锁大型卖场模式，不断扩展其家居帝国。

不过，在这一过程中，宜家基本选择的是自营模式（近些年才开始拓展加盟业务），这与坎普拉德追求的绝对的控制权相关，他甚至为此专门在一些国家购买土地建设自己的物业（后文将介绍）。

1995年8月，坎普拉德造访中国。他被中国大陆巨大的潜在市场和丰富廉价的资源吸引，回到瑞典后的第一件事就是筹备在中国大陆建立宜家专卖店。1998年，宜家在中国大陆的第一家专卖店开业。自始，宜家开启了在中国大陆布局的步伐，中国也迅速成为宜家的优质低价产品的重要供应国。

在开拓海外市场的过程中，宜家经常创意出新奇的营销手法，宜家的名字深印在了消费者的脑海里。比如，宜家在美国开店的时候，一位年轻人在宜家专卖店开业前7天就在商场门口支起帐篷等待。宜家开业的当天早晨，有2000多人在宜家门口排起了长队，有人甚至还支起了烧烤架子在那里聚餐，现场一片欢乐气氛。

从1943年成立至今，宜家已遍布全球四十多个国家和地区，管控着四百多家商场，年销售额几百亿欧元，成为了家具零售业名副其实的龙头老大、具有全球影响力的品牌，其品牌价值甚至一度超出了百事可乐和苹果公司。

**宜家和维意都是连锁企业，但在连锁扩张的过程中，两者走向了相同模式的相反道路：宜家以自营为主，开设自己的连锁卖场，基本上不做加盟（后来少量的加盟只是辅助）；而维意则采取以加盟为主、自营为辅的方式，走出了一条自己的路。**

# "330" 确保每个加盟店成功

在家具市场产品已经很丰富的环境中成长起来的维意，深知要想快速占领更大的市场，仅靠一己之力是不够的，尤其是互联网急剧扩张的现在，速度很重要，因此，维意定制决定整合外力。

用总经理欧阳熙的话说：钱不能一个人赚完。他认为让加盟商加盟，除了借助他们的资金以外，还可借助当地的一些地缘优势。"现在的社会讲究的是大家一起分享市场，共同赚取利润。包括上下游、供应商、加盟商这些，都要是整体供应才行，大家共同降低成本，减少消费者的支出，但是每个人都必须实现自己的利益，这是必须的。"他说。

传统理论认为，搞加盟，只要管好加盟商就可以了，剩下的就是企业提走应有的利润。而维意视为加盟商自家人，唯一的要求就是在当地提供的服务要跟维意总部标准一致。只要整个设计的服务标准、服务品质一致，那么投资决策层面的东西都不是问题。

欧阳熙表示，他关注的是消费者能否得到一样的服务和品质，这才是最重要的。但这也是最难的，所以加盟商和维意之间需要有很多的沟通，甚至要维意扶上马、送一程。

维意定制有加盟部专门负责扶持工作。按照流程，加盟商从加盟那刻起就可得到协助。加盟部有一个开业辅导期，分为两个阶段，一是筹备阶段，包括人员筹备、新店筹备；二是开业阶段。开业完成后进入新店扶持阶段，2012年开始，为了进一步扶持加盟店的发展，维意专门成立了"330拓展部"。力图给加盟商再添一把力，在"扶上马"的基础上再"送一程"。

**330最初是指3个人、3个月、最起码实现每月每店30万元销售业绩。现在，维意的加盟店已经超越了最早定的目标，有些新店第一个月销售额就可以做到100万元以上。**

梁伟杰是330拓展部的经理，回忆起当初的情景，说："我们团队有3个月的时间是待在加盟店里的，不仅仅是员工去3个月，我们部门的几个主管每个月最起码有20天以上是在外面的，只有深入市场才可以真正了解市场的情况。"维意要求330拓展部一定要把所有的店扶起来。

330拓展部是一个又忙又累的部门，其工作似乎超越了厂家的管理边界，因为它要确保每一个店面获得成功。330拓展部让加盟商看到维意定制合作共赢的诚意，这显然有利于形成市场的口碑。

330拓展部从2012年发展到现在已经有70多个人，形成了一套成熟的工作方法。总的来说，330拓展部是市场上的陪练员，也是集团服务体系的一个环节。加盟店上马3个月后公司还有其他的支持，比如把加盟商纳入区域体系中，有发展潜质的加盟店还会被纳入维意的"雄鹰计划"重点培养。

除了加盟，运营直营店也是维意的核心工作之一。原直营部经理、现维意定制副总经理林文彬从2011年1月1日开始接手公司的直营工作。他从佛山嘉洲广场的店开始做起，后来到三水、大良、北滘。直营店原先一个月有几十万元的业绩，到2013年，佛山直营店的销售额竟然突破了1亿元，直营团队也从原先的30个人发展到现在的300多人，成长速度惊人。

"我们的职责是把直营这个标杆树起来，供加盟商学习；另外我们要提炼很多标准和方法，从一个店复制到第二个店，第二个店复制到第三个店，这又是一个实战和传播的过程。每个新东西出来，我们都总结一下，然后推广到其他市场。"林文彬说。

现在维意定制正以"加盟+直营'的方式快速成长着，每年的销售额增长都在80%以上。谈及维意的发展速度，梁伟杰和林文彬都感叹："现在我们不担心公司发展，摆在我们面前的是我们自身能力的发展已经跟不上公司的发展速度。你想一个人的成长远远跟不上公司的发展速度，那是多恐怖的事情。"

维意定制厨柜拉篮

如果他们在
叙说我们的故事
让他们说巨人生活在一起
我和巨人生活在一起
让他们说 我生活在
赫克托尔的年代
让他们说
我生活在阿喀琉斯的年代
《特洛伊》

# 抓住大时代赋予的机会

20世纪50年代到70年代初，"二战"后的瑞典迎来现代化的黄金时代。这个中立国家由于远离战火，生产设备基本完好，而当时欧洲大陆的工业基地大多成了废墟。

瑞典生产的产品要填补欧洲大陆工业遭受破坏所造成的真空，因此出口迅速增长，在20年的时间里，瑞典的GDP年均增长4%，有几年甚至增长达到6%。"这时的瑞典什么都是好的，整个世界都在追逐瑞典的产品与思想。"（《宜家的故事——与英格瓦·坎普拉德对谈》）

农村人口迅速减少，年轻人漂泊到不断成长的城市，瑞典的房地产投资高速增长，住房规划一再创造新纪录，战后头20年就建成了100万套新公寓。向福利型国家的转型和政府方面的贷款支持强化了人们对居住的需求。

1954年，瑞典政府规定了最小居住面积，将"大众家居"这个概念纳入其中，甚至给出家具使用的建议：既要方便生活，又要有利于健康。

在这样的大时代中，身为企业家的坎普拉德提出务实的"大众家居"思想并创建了所谓的"平民风格"——显然，大众家居并非他本人的发明，而是瑞典那个时代整个社会的呼唤，只不过，坎普拉德使它成为宜家的立身之本并坚定地、毫不迟疑地带着它征服世界。

2001年，中国正式加入世界贸易组织，开始迅速融入全球经济，吸引的外资和对外贸易额迅猛增长。2004~2014年更是中国经济发展的黄金十年，GDP在10年间增长了两倍多，经济总量从全球第六跃居第二，其中房地产业的急剧发展带动了相关产业的高速成长，包括家具建材、照明家电、装修材料、水泥钢筋等诸多产业。房子价格不断攀升，买些家具又算得了什么呢？你知道数亿人实现城市化是什么概念吗？

腰包鼓起来的人们忙于建设自己的家，他们对房子以及相关商品的需求急剧增长，众多相关企业如雨后春笋般诞生并快速成长——因为这是一片市场极其广阔、土壤极其肥沃的"热带雨林"！

在这样的大时代里，注定会有诸多企业传奇产生。时势造英雄，当然英雄也在积极顺应时势。

2004年，刚刚诞生不久的维意便以首创全球第二代整体衣柜横空出世，一方面力推板式家具的升级版，一方面着力打造自己的数码定制特色，以免费量尺、免费数码设计、免费打印图纸吸引顾客。次年，维意为顾客着想，避免浪费，在行业第一个提出"先定家具后装修"的消费观念。

2007年，由于顾客不断增加的需求，维意将原来的衣柜书柜项目全面升级为"全屋家私定制"，此举奠定了大规模定制家具的行业基础；这一年的11月，维意家具"大规模定制生产"信息化系统研发完成并成功上线运行。至此，其大规模定制特色在行业内开始引起广泛的关注。

维意定制和宜家一样，抓住了时代赋予的机会，没有辜负这个大时代。

维意定制吉祥物V果设计稿

# 设计篇

## 核心竞争力是"设计"出来的

宜家在力求低价的同时，要求产品体现出强烈的设计感，甚至引领世界家居业的风潮，这也是宜家产品受到广泛欢迎的重要原因；维意定制宣称"无设计，不定制"，将设计视为企业的核心竞争力之一。

# 设计是经营创新的一个关键环节

让我们先来看看宜家的设计。有人认为，宜家之所以能在保持价格低廉的情况下把家具运到全世界，得益于宜家公司在家具设计上下的功夫。这个评价一点都不过分。

宜家以居家生活为出发点，在产品设计之初便尽可能考虑大多数人的需求，以此为宗旨进行产品的设计和生产。

和苹果一样，宜家也是"以产品为核心"的践行者，它在乎每一次创新、生活灵感和激情。宜家在设计中会根据不同国家消费者的风俗和习惯设计产品和展厅，还特别重视细节。对设计的精益求精和产品定制化使宜家在世界知名品牌排名中居于前列。据《互联网周刊》2007年的一篇报道，"英国设计杂志Icon称：如果没有宜家，大部分人将无法获得当代的设计。"

坎普拉德在其回忆录中谈道，宜家公司还只是间很小的家具店的时候，他的一名负责制图的助手吉利斯·隆德格兰看到偌大的桌子很难装箱，便想方设法进行改进，后来干脆生气地把四条桌腿卸下来，放到桌面上打包。

结果宜家的创新"自助组装家具"出现了。很多人想不到的是，这个小小的行为竟然掀起一场家具史上的巨大变革。

Modell LÖVET

5545 Bord·Lövet — en liten läcker ingest, ultra-
modernt formad med svarvade steg i två satser.
Skiva i vacker fylld jakaranda och svarta mässings-
skodda steg. Ett bord som genast upptäckes av "fin-
smakarna" på utställningen i Älmhult. Skiva 78x39
cm, höjd 52 cm, vikt 5 kg. Monterbart.
Pris pr styck .................................. 45.00

Ikéa, Älmhult    85

LÖVBACKEN咖啡桌

这个树叶外形的咖啡桌拉开了宜家包装革命的序幕。1956年，桌子首次采用平板包装设计，带来了明显的益处——对顾客来说，这意味着产品价格更低，而且能够方便地将货品运送回家。

而这个叫吉利斯·隆德格兰的家伙也成了宜家公司的设计师，这位传奇人物后来是与坎普拉德"珠联璧合"的合作伙伴。他以非凡的创造力和娴熟的技术为宜家公司设计了大约深受消费者的喜爱的400件家具和其他产品，获得了"宜家英雄"的称号。

据《宜家之父——英格瓦·坎普拉德》一书提供的资料，**如今，宜家公司上万种产品中每年会有2000个被淘汰，同时新增2000个，所以，宜家需要大量的设计师。宜家聘请了许多自由设计师，他们约有一半人专门为宜家设计，对他们而言，设计出适合大众口味的家具并不轻松。**

宜家花如此大的心思进行设计，它的产品却是低价的。如一套有六个玻璃杯的杯子只卖6.9元，平均下来一只具有设计感的玻璃杯子只需要一块多钱就可以买到，这简直就是"白菜价格"。还有，一个红、黑、白三种颜色的洗刷用具只需要一块五，一个圆形的食用碗也仅需要一块五。面对如此诱人的价格，几乎每位经过这些产品的顾客都会挑选一两样放在购物车里。

低价也是宜家设计的基本理念。宜家的设计体系中，价格是核心要素，所有的设计、材料、结构都要将成本考虑进去。最后，还要确定产品能够放进平板包装，并最大程度地节约物流成本。

对于"创新"，宜家有着自己独特的理解——所有的创新必须从消费者出发，从他们的实际生活出发，因此，宜家的产品要满足大多数人的需要 。这才是真正意义上"人性化"的创新。

有一个广为流传的关于邦格杯子的设计案例：1996年，一位设计师接到一项任务，设计出来的一个杯子的价格必须低到5个瑞典克朗。这个价格是宜家精密计算出来的，宜家认为这个价格可以远胜竞争对手。

宜家姆拉滚珠游戏架

宜家邦格杯子

为此，这名设计师必须充分考虑各种影响价格的因素，包括杯子的颜色，因为有些色料价格更低；考虑到储运、生产的便利性，邦格杯子最后被设计成了一种特殊的锥形，因为这种形状能够很快地通过机器，提高效率；在尺寸设计上他们也考虑到了如何令生产厂商节省时间和成本。

与此同时，设计师也会考察世界各地的工厂，寻求合适的供应商。据说在选择"斯格帕椅子"的生产商时，宜家前后折腾了几个月，才找到一家生产塑料碗和塑料桶的厂家。

**宜家一直坚持拥有自己的设计团队，同时整合一定数量的设计师，并且这些设计师设计出来的作品专利权归宜家所有。每年，靠着这支队伍，宜家才成为世界唯一一家既进行渠道经营又进行产品经营并且能取得成功的机构。**

可以看出，设计在宜家所起的作用是相当巨大的，它是其产品和企业竞争力的核心组成部分，也是其经营创新的一个关键环节。难怪坎普拉德将之与其企业定位紧密挂起钩来。

宜家餐厅

# 按需定制：
# 像试衣服一样买家具

现在，号称搞定制的企业越来越多。不过，定制并不是这么容易标榜的，因为它与个性和个性的满足密切相关。一方面，企业必须有自己的个性，才能脱颖而出；另一方面，企业必须有能力满足消费者的不同个性，后者才会心甘情愿地埋单。

两种个性如何实现最有效地兼容，是一个相当难解的题，因为消费者千人千面，各有所想；设计师如果又个性十足，岂不会掐架？

目前维意有近2000名设计师，队伍庞大，每位设计师都为客户做"一对一"的专属定制设计服务。

维意定制认为，家具的未来一定是设计的未来；设计赋家具以灵魂，设计是定制家具的核心，设计的优劣决定着家具成品的优劣，因此，它从战略上高度重视这个环节，将之视为核心竞争力之一。

这一点上，它与宜家具有相似的价值观念。

重视设计并不等于把一切责任都压到设计师身上，不然维意跟普通装修设计公司没什么分别了。维意会保证消费者选择的多样性，即让他们在充分自主选择的基础上决策，维意的设计因此显得相当民主。

从技术上，维意定制做的是基于标准化和云平台基础上的设计。

首先，运用软件公司独有的数码软件。维意最初依托的是"橱柜销售设计系统"、衣柜销售设计系统"，现在，则运用全屋家具设计系统。设计师要在独有的软件环境下进行设计，这样可以适时呈现消费者新居的3D彩色效果，实现各种创新的构想。

其次，借助数据挖掘，个性之中找共性，这样企业才能上规模。圆方公司通过软件销售积累了丰富的设计数据资源，各种家具的设计样板、组件应用尽有。在此基础上，李连柱又率团队前往全国几大城市，收集了数千个楼盘的数万种房数据，建立了"房型库"。这样，维意对100多种卧室、70多种客厅都有较深了解，可以根据不同的房间、消费者的需求设计解决方案。

也许，维意定制的单个设计师不是最优秀的，但他们有最优秀的云设计系统提供的最优秀的设计方案，这足以令他们的设计工作不再"大众"。

**维意的设计师每三天能完成一份家具设计方案，他们为何能如此高效？答案就在维意的云设计系统里。设计师在做具体方案时可以参考云系统里面的成功方案，再结合自己的思路进行设计，这样一来效率至少提高一倍。**

消费者上门时，设计师只需根据要求输入关键条件，电脑通过维意定制独有的云设计系统就可以自动获取房间的图形配套，设计师按顾客的要求对其中的家具部件进行调整即可完成相当部分的设计工作。

在维意的云设计系统里，顾客就像试穿衣服一样，可以把店里所有款式、风格

的衣服尽情搭配，直到找到自己喜欢的为止。按需定制的方案不再是每一个设计的天马行空，而成为"以往经验的总结+个性的选择+局部更为适合、独特的设计"，消费者的个性需求得到满足，同时又被大数据库总结收集。成功的定单进一步丰富了设计的数据库，为以后的消费者提供更多的借鉴。

第三，维意的设计师有一套标准的工作规范，比如必须上门量尺，精确地掌握客户房间的尺寸并有直观的印象；要与顾客进行细致的沟通，听取他们意见的同时进行交流，力求全面掌握需求。

在此基础上，设计师再进行发挥创意，当然，无论什么创意，设计出的方案必须得到客户的认可，令客户完全满意。无论客户有什么样的设计要求都需要予以满足——态度既要好，技术又要高。但这并不意味着设计师只是设计软件的操作者。相反，维意对设计师的美学功底有相当要求，这也是设计师晋升考核的重要部分。

宜家的设计师是根据市场需要、价格和材料进行产品的创意与创新，而维意的设计师是在众多的创意方案基础上根据顾客的要求进行再创造，相比之下，维意设计师的自主创意空间要比宜家略小。

2008年之后，他们被从后台推向前端，直接面对客户销售。维意的设计师开始承载更多的功能。这也成为维意销售体系的一个战略转折。

在维意定制，这些设计师职业而富于激情，时尚范儿十足，个个都是沟通和销售的高手。

在维意定制体验店的外墙上贴着这样一句话："**你可以只有想法，剩下的交给我们。**"顾客走进专卖店后会发现，维意不仅能实现他们的想法，还能做到"**尺寸可以变化、颜色可以选择、款式可以设计、功能可增可减、预算可高可低**"。

宜家的设计师面对的是最广泛的顾客，而维意定制为客户做"一对一"的专属定制设计服务。每一个设计，客户会清晰地了解每件家具的实用性，每个人得到的设计方案都是与众不同的，客户特别有存在感、参与感。

维意定制时光笔记本

# 设计师左右市场

相比维意2000位设计师的队伍，宜家的设计团队就有点"小巫见大巫"了，据说宜家在全球只有少数常任设计师。他们来自不同的国家，此外还有少数实习设计师和外聘的70位自由设计师。这个人数不多的团队担负着宜家上万种产品20%的更新工作，而且绝大部分是女性——因为宜家发现，买家具的时候，80%的决策权在女性手里。

宜家还跟世界上许多国家的设计学校保持着长期的合作，以便寻找到更优秀的实习生——他们其中的一部分会成为自由设计师或正式设计师。因此，能够入选宜家的设计师肯定是精英中的精英。

而维意的设计师大多数都是男的，这是因为它强调的不但是设计，还包括服务。男设计师的服务显然更容易获得拥有80%决策权的女性顾客的信任。

宜家设计部强调设计师的创造力："**我们需要找的是不同的人才，而不是适合宜家的'框架'，任何一位设计师都不能够活在别人的阴影之下。**"（《城市画报》）

当然，未必所有的设计品都能够投入生产，还需要一系列的审核、评估、制造

安娜·伊芙兰德

过程方能投入商场。据说，宜家一个新品从想法的产生、生产到出现在消费者眼前，差不多要经过两年的时间。制造出样品陈列出来，再让各国的宜家商场负责人决定订货。可见设计师的洞察力与对潮流的预见性是多么的重要。

安娜·伊芙兰德（Anna Efverlund）老太太是资历最深的宜家设计师之一，她说："灵感就像顽皮的猴子，我会先让它们在我的脑海中尽情嬉闹，然后我在和它们捉迷藏的时候踩住它们的尾巴，接着，设计自然就会跃然纸上。"

宜家公司流传着安娜靠设计挽救宜家在印度的工厂的故事。

那是1997年。由于某种担心，宜家在全球范围内召回印度工厂制造的数百万只小熊，并考虑关闭印度工厂。设计师安娜被派到这家工厂，她希望通过自己的设计使工厂免遭厄运。

几天后，她设计的法姆尼·希亚塔诞生了。这个有一双手的红色爱心抱枕带来了奇迹，一上市就成为全球风行的畅销产品。结果，这家工厂不但没有关闭，反而又扩大了近一倍。

迄今为止，这个带着卡通双手，握上去柔软、舒服的抱枕仍然是宜家的标志性畅销商品。

2001年，宜家推出的另一款经典产品——浇水水壶同样极受欢迎。（2011年7月《第一财经日报》，陈琳文章《童心拯救设计》）

可以看出，宜家的设计师考虑更多的是单款产品的创意；他们善于从生活的不便处着手、根据用户群的特点挖掘能够行销全球的商品，这显然是典型B2C的模式，即"设计——大规模生产——满足消费者"。

红色爱心抱枕法姆尼·希亚塔

# 顾客的每个想法都会得到尊重

**宜家设计的产品行销全球，而维意定制设计的产品只卖给消费者一家人；宜家设计的产品也许两年后才能摆到消费者的家中，维意定制的产品下单后十多天就可以从设计图景变成家中的现实。尽管设计都是两者的核心竞争力，但在如何发挥作用方面，两家企业的确有很多不同。**

维意的店面里虽然也陈列了一些样品，但并不是要卖给消费者，因此说起来，维意定制销售的是一种定制设计后的想象——设计和服务在维意来说是完全免费的，而此时的商品还在维意电脑里。

国内大部分人认为定制就等同于贵，离普通家庭很远，但维意定制的出现改变了这一观念，维意可以根据不同的需求去做不同的产品组合。一套两居室的住房，可以花三万元来个全屋定制，如果想花上十万元布置，维意也不拒绝。

预算当然只是考量的一个因素，消费者的个性化需求才是设计师考虑的重点。"我希望有一个柜子，它的储物功能更强"；"我希望有个柜子，上面是敞开式的，下面全是抽屉"；"我希望家具有高有低，风格不同地融在一起"……在维意设计师这里，顾客的每个想法都会得到行动和呈现。

你可以只有想法

剩下的交给我们

热爱宜家家具的消费者大部分都有着文艺情怀，或是对设计颇有几分见解，所以在新房子的装修点缀上也愿意花足心思，商品的挑选源自消费者的喜欢；喜欢维意定制的人则看中它的整体布局，背后也透露着消费者的个性。两者都表现出自由和消费者自主的精神，这点倒蛮相像。

**不过，宜家的设计师们想的是大众和畅销；而维意设计师想的是此刻的唯一。后者的专属性也让设计师成为顾客信赖的伙伴。顾客一旦信任你，各种想法和需要就会和盘托出，设计师们俨然顾客一家人的家装顾问。**

"一些客户在找家装设计师之前会先找到我们。"一位维意设计师说。这样可以避免客户买的窗帘、衣柜、餐桌、沙发的风格不能与家居装修融在一起的窘况。这也是维意慢慢地进入全屋家具定制的原因，因为客户要求他们提供整体解决方案。

事实上，现在的维意定制体验店里还摆放沙发、床垫以及家电产品，这些过去只是家居布置的需要，但由于客户"顺便"购买，许多商品的销量已相当大，比如单个品牌的床垫在维意定制的年销售额就已达数千万元。以前维意甚至没有关注这方面的问题，也没有刻意对供应商做出选择，但现在，他们开始对供应进行筛选和评估。也许很快，维意会变成全屋家居的定制供应商。

这里面，设计师起到至关重要的挖掘客户需求的作用。

据了解，每家维意专卖店驻店的设计师至少有10个，有的专卖店多达二三十个，这些设计师连一块板的延伸承重数据都了如指掌，如板最长不能超过800毫米，如果超过了，又应该进行怎样的特别处理来实现客户的需求。这些最基础的数据分析，维意的设计师都一清二楚。

为了吸引顾客，维意设计师给出的设计方案是完全免费的。为了提倡这种免费的设计服务，维意对每一个顾客都强调最后买不买、选不选择维意定制都不影响前期设计师为顾客提供的设计服务。这一策略相当有效，顾客只要体验了维意的免费量尺和设计，50%以上的人都会被成功"粘住"。

维意的设计师或许不像宜家的那样知名，或者在设计功力上未必如安娜那样优秀，但他们在很多顾客的心里都有着重要的位置，因为他们是很多家庭的共同建设者。

维意设计师的设计方案是从全国上千个成功案例中选取的，根据需求有针对性地向顾客推荐，并根据顾客的意见反复修改，因此在维意定制，设计并不是设计师们考虑的唯一因素，设计师们让海量的经典设计进入寻常百姓家，他们能够洞悉每一位顾客的心思、个性，并给予完全的满足。

有人曾经向总经理欧阳熙提出这样的问题："你们的设计师在与顾客的意见相左时，如何保持设计师的独立意见？如果顾客的意见只会让设计图纸越改越糟，你的设计师会怎么办？是听从顾客的意见还是坚持自己？"

欧阳熙的回答是："顾客选择的就是对他而言最好的，为什么我们不相信顾客的判断？为什么消费者一定要遵从权威？"他解释，维意设计师会和顾客交流各种看法，但如果顾客在了解这些意见后依然坚持自己的选择，那当然听从顾客的意见。现在是个性化的时代，设计的感觉没有对与错，只有喜欢与否。顾客的地盘当然顾客完全做主。

不可能！
我们的理解是：
不，可能！

定制的产品，并不是家具本身，而是蕴含着竞争力的设计和专属服务

# 大众化和参与感

**无论是苹果、宜家还是维意，一个显而易见的事实是：设计与企业的营销密切相关，只不过，乔布斯把它与创新理念和极致思维结合在一起；宜家把它与低价竞争力和大众认可密切结合；而维意，则干脆把它与销售环节捆绑，设计师与导购和店面经理构成强有力的销售服务链。**

艺术、设计、创意早已不再拒绝金钱和商业，也早已不是"养在深闺无人识"或曲高和寡，相反，它们正与人们的日常生活渐渐融合在一起，形成极富价值的创意经济，在创造出越来越大的经济价值的同时，又不断为人们提供更丰富的物质产品和精神享受。

越来越多的案例表明，企业提供的价值的一个核心因素是产品力，即企业的产品所能提供给消费者的效用。消费者之所以与企业进行交易，主要诱因就是产品能带给消费者使用价值。因此产品本身的效用能否满足消费者的需求，始终是决定企业能否带给消费者价值的首要因素。

宜家对于"创新"有自己独特的理解，它关注的是"人性化"的创新。宜家以人们的居家生活为出发点，在产品设计之初便尽可能考虑大多数人的需求，以此为宗旨进行产品的设计和生产。同时，顺应全球小空间趋势，宜家首先在全球提出了"Small Space Living"（小空间生活/巧用空间）的概念，从产品设计上就充分考虑了易组合、可堆叠、可延展、功能多样等特点，使其能够在有限的空间发挥极大的作用。

宜家的"大众设计"理念背后有着精密的商业逻辑，最强大的是产品存在巨大的内在营销力，不但有令人尖叫的"爆款"产品，还在整体上形成鲜明独特的设计战略。坎普拉德将这种设计理想进一步升华，称宜家产品的设计理念为"符合大多数人的需求"和提供老百姓买得起的家居产品。

这种理念指引下的产品创新给宜家的品牌带来很强的时尚感和设计感，让很多年轻人对宜家的设计产生极强的消费黏性。他们喜欢每隔一段时间到宜家逛一逛，耐心等待新款产品面市所带来的惊喜。

宜家悬挂蜻蜓灯

相比宜家关注大众化，维意定制在设计上更强调的是参与感——设计+服务是其竞争力的核心组成部分。也就是说，维意强调的是在个性化设计过程中以服务让消费者得到美好的互动体验。

在维意，顾客可以通过手机等数码工具，切身感受到个性定制、数码设计的乐趣，像试穿衣服一样提前看到整体家居的效果，方案包含：卧房、书房、厨房、客厅、餐厅、门厅六大空间的彩色效果图和预算清单，顾客可以看到、亲身体验到产品和服务所能给他提供的，也可以看到家具安装后的样子。这样既降低了

维意定制书房

购买家具的风险，也让顾客省时省心省力。

**维意与宜家最大的不同就是能提供一对一的设计服务，顾客能与设计师在互动中体验共同设计的快乐。随着亲自参与设计的家具一点点把家里填满，顾客有一种特别的成就感。**

维意在设计过程中，最大限度地让顾客参与进来，这种参与感很美妙，因为能让自己的家园变得温馨，家的设计中也有自己的心意、付出和努力。在欧阳熙看来，维意是在通过设计服务来打动顾客，让顾客发自内心地认可维意，实现"我的家我设计"。

"每次朋友来我家做客，都说家里漂亮，特别有范儿，在家里待着就不想出门。"顾客陈小姐自豪地说。为了这个理想中的家，她一口气在维意下了八万元的订单。原本喜欢田园风格的她，在与设计师多次商讨后发现，原来简约时尚的风格更是她内心想要的，也搭配家里的装修。

这种体验使顾客还没有看到有形的产品，只听设计师的描绘就做了购买的决定，可见，设计师在维意的营销体系中扮演了多么重要的角色。某种程度上讲，维意定制的产品并不只是家具本身，而是富有竞争力的设计和专属服务。维意定制公司不像一个制造企业，而是一个现代服务企业。

有数据显示，2013年家具企业的营业额同比下滑30%以上，作为定制家具企业，维意的营业额没降反升，而且在连续增长七年的基础上，继续以每年80%以上的速度增长。这样的业绩令人侧目。

**维意定制成长的十年中，不变的核心就是设计，就是先为客户提供设计再定制产品的服务理念。维意对每一个顾客都强调最后买不买、选不选择维意都不影响前期设计师为顾客提供的设计服务。**

除了庞大的设计师团队外，维意还有一个产品研发的设计团队。2008年他们推出魔方系列，2009年连续推出三大新品；2011年更全面升级，引进国际设计师，以"世界设计，定制在中国"为口号，开创定制家居行业的先河，引领着中国家具的发展方向。这个团队倒是与宜家的设计师团队更像，只不过，维意将之称为产品研发。

V果 VAGO

维意定制吉祥物V果

演的《变形金

亿，我们在全国各大

面会广州站营销活动，7月底我

广场举办，李冰冰见面会同期我们还会启

绩，产品研发、设计、生产等方面发展顺畅，而维意创

10年，我们希望做一些公益活动回馈社会，也一直在积极筹

份，"心意行动爱读书"公益活动将正式启动，这个行动由企业发起

长期关注贫困地区孩子的阅读问题，每一个孩子都喜欢读书，但并不是每

一个孩子都有机会、有条件读书，很多人会捐赠物资解决他们的基本生存

问题，但很少人关注他们的精神世界。所以，我们认为阅读是一个非常好的习惯。

这种习惯需要从孩提时候开始培养，同时我们会对这个活动进行微渐力量，

为贫困山区学校提供阅读的环境和条件，呼吁更多人关注孩子的阅读习惯并参与到活动当中。当然，我们企业作为

发起方，并不会接受捐钱或者是捐物，广大社会群体参与"心意行动"只需要去

到维意全国各地的专卖店，将会跟随我们捐出的图书的捐赠点。捐赠一本图书，就代表着你

的一份心意，这份心意，将会跟随我们捐出的图书的捐赠点。捐赠一本图书，就代表着你

面。我们在学校里面，除了捐赠图书、捐赠物资、捐赠快乐书吧之外，更重要的

是，我们会为每一个学校的各个班级，建立图书管理机制，开展图书分享会这样

一系列的行动。虽然物质匮乏，但是能够让这些孩子从小养成一个读书的习

惯，让他们未来的精神生活会更加丰富。

【"心意行动"是全国性的公益活动吗？】【维意定制 欧阳熙】：

足的，因为我们在全国已经有几百个加盟店了，刚开始的

时候，会由我们总部直接对广东省周边的一些贫困

学校进行资助，之后将会由我们的加盟商

自发地参与，在当地举办这种活

动，我们一起配合，快

乐书吧里面的

服务篇

## 极致服务有没有边界？

同样是面对个性化消费者，同样是贩卖组合家具和一种时尚的生活方式，同样强调体验营销，宜家和维意在向顾客提供服务的方式上大相径庭，却同样获得了消费者的喜爱。

# 坚持还是改变？

宜家的逻辑是，只需花很少的钱，就可以打造你自己的生活：买一个纸板盒子或塑料箱子吧，可以掩饰你的窘迫；点一支蜡烛吧，可以打造属于你的浪漫；买一块透明纱吧，可以把你的房间变成宫殿。当然，最好你把我们的简洁风格的家具买回去，那就完美了！

广州宜家总共有三层，每层的面积都不小，当然，现在宜家的商场面积越开越大了。尽管面积很大，但宜家规划清晰，指引用心，许多顾客并不会感到茫然。宜家会建议顾客按照指定的路线浏览，否则很有可能遗漏某些精彩的角落。

顾客小李习惯在宜家卖场里面逛上两个小时，然后接近下午茶时间去宜家餐厅吃块奶酪蛋糕、喝杯咖啡。他认为这样打发下午很惬意。至于买东西，享受小资生活的小李比较随性，价钱并不会让小李止步，感觉是最重要的。

自由购物的感觉永远给人满足感。当小李拎着自带的购物袋装满的小家具走出宜家大门时，天已经黑了。

在小李看来，去宜家购物更多是一种减压方式。在这里，你可以任意逛，不用担心促销员的热情会打扰你，也不用担心逛一圈没买几样东西会受到"关注"，

北欧人

一生中大多数时间

都在家里度过,

舒适的居家生活,

便成了他们

一生为之奋斗的目标。

你甚至可以在沙发或床上享受无拘无束的自在。当然，很多时候，你需要在家里准备好装家具的工具，甚至买个电钻在墙上打眼，这可能会花上不少时间。

这种自由购物感得益于坎普拉德最初的并一直坚持下来的两个想法——"拆开是为了更方便地装上去，仓储式卖场是为了顾客自助"。

作为"自助组装"的平板包装家具的开创者，现在宜家几乎所有家具用的都是板子，消费者把这些运回家中自行组装。宜家在成长早期就成功说服了欧洲顾客们为了省钱自己运输和组装——这应该是最早互动式营销的经典案例——用自己的劳动来节省开支，许多人觉得这个创意很不错，纷纷到宜家去DIY（英文Do it yourself的缩写，即自己动手做）自己的家居用品，这甚至成为一种时尚的生活方式。

不过，国内许多人觉得宜家的服务员太少，顾客如果没有时间细细看、闲逛就会觉得不方便。

相比之下，欧美人与中国人的消费习惯有很大不同，赚钱和工作并不是他们追求的唯一指标。以瑞典所在的北欧为例，人们一生中大多数时间在家里度过，舒适的居家生活便成了他们一生奋斗的目标。而"家居"一词也源于北欧。据说，北欧人用在选购家居用品的时间甚至比他们工作的时间还要长。

**北欧人格外重视家居的品质，并注重隐私、自助和休闲，这也是宜家形成其特有的服务模式的文化根基。在宜家超过70年的历史中，这种模式没有发生多大变化。在宜家，产品的创新比服务的创新来得更及时。**

北欧人平均每周工作37个小时，有更多的时间打理家庭，与家人欢聚、享受假期对他们来说才是真正的幸福。相比之下，中国人平均每周多了8小时的工作时间。根据瑞士洛桑管理学院公布的《世界竞争力年报》显示，中国人在2013年的平均工时超过2300个小时。因比在中国，高效率成为了许多人工作和生活的标准。而且，在中国快速的城市化进程中，人们动手的能力大大减弱以及汽车尚未得到广泛普及，因此进入中国市场后，宜家遭遇了水土不服的窘况。

中国人早已习惯了商家的热情和免费服务，因此宜家的有偿运送规则令他们感到很不习惯。另外，顾客还要自己费尽心思和力气进行组装，对于白天累得够呛、动手能力又差的工薪族来说，这几乎变成了沉重的负担。

后来，在实际运营中，宜家针对这一现实做出了一些局部调整。比如店址由郊区往繁华的商业中心转移；配备了更多的送货车辆，并降低了送货费用；将在中国市场的退货日期从14天延长到60天，等等。不过，根本的运送收费模式并未改变。

宜家会不会因为中国市场的情况而改变其全球一致的经营模式？在坚持和改变之间，宜家的选择更倾向于前者。这或许是宜家在中国17年步伐谨慎的原因。

或者，它是在等待中国的消费者喜欢上宜家的价值观，并愿意为此尝试与中国商场不一样的宜家的时代到来。

服务篇

# 维意，极致服务的核心制造惊喜

维意定制对"极致"这个词的使用源于2012年，在集体学习了《海底捞你学不会》这本书后，欧阳熙总经理正式提出打造维意极致服务的主张。

他指出，服务不只是有形的免费流程：上门量尺免费、设计免费、送货上门免费、安装免费，还有维意定制与顾客打交道的各个环节给顾客心带来的感受。

维意不太关注家具同行们在做什么，他们向海底捞——但不限于海底捞——学习极致服务，通过学习汽车4S店的细节改进他们的体验店。"我们是在卖家具的这些企业中第一个把顾客感受放在第一位的，从顾客进店，他看到的、听到的、闻到的以及体验到的各个方面，我们都做到极致。"维意副总经理林文彬如是说。

他们的改变甚至涉及了发型和服饰，因为看到一篇文章谈及个人形象对顾客满意的重要性，员工们自发地改变形象，先是T3（330拓展部）团队集体剪了个发型，声称"头发翘起来业绩好一点儿"，后来这种头发上翘看起来相当精神的发型几乎成了维意的标准发型。而每一个女导购都会盘头发，化淡妆，夏天穿套裙、丝袜和7厘米以上的高跟鞋，因为她们知道顾客会因为你的气质、体现出的精气神而欣赏你。他们还经常对彼此的着装进行点评，甚至领导们会主动帮助员工挑选衣服。

就这样，维意迅速把很多服务行业的做法跨界整合到自己的服务工作中。比如卖高档车的地方会先让顾客坐下，给顾客播放一些宣传片，让客户感受到他即将得到的不是车，而是一种生活方式，一个更好的未来。维意将设计提案的过程如法炮制，在维意体验店，员工们见到任何一位顾客都会热情欢迎，递上一杯茶水或咖啡，然后恰如其分地根据顾客的特点介绍，绝对不会给顾客造成困扰。顾客坐下来，享受着美女泡的咖啡或茶，再细细听设计师介绍。

看到一些服务公司提案的时候都会用PPT，维意便迅速将这个方式固化到设计师的工作要求中去。

在上门安装上，他们借鉴展览会的形式，提出了自己的红地毯服务，不但在设计与生产的对接时严格核对数据，而且在安装的过程中派出监理团队，陪同客户一起验收。这些监理是站在客户的角度上陪着客户一起做验收，现场处理问题，力求一次安装完成，让客户满意。

但即便这样，维意定制还觉得不够，他们强调必须制造"惊喜"。

2013年年末，因为设计人员忽略了水管的空隙，广州番禺的一位客户家里的橱柜背面无法贴紧墙壁。如果根据安装师傅的建议对橱柜进行修改，就会增加客户的成本。客服部的安装监理马献宁接到电话后立即带着工具前往客户家中。

重新测量之后，这位资深监理决定在不改变产品外形的前提下进行整改，重新安装水管，让其从橱柜的中间穿过，他连夜赶工完成了修改，解决了这一次"意外"。

为客户带来惊喜，是维意定制的核心服务目标之一。"安装现场会有很多变化，客户现场服务和后期的地毯式服务就是针对这个推出的。我们所做的一切就是更多地考虑客户的感受，在服务之外也带来惊喜。"马献宁说，前期的失误导致客户的不便，应该由他们后期及时补救。如果在细节上多一些独到又浪漫的创新做法就可以得到客户对维意品牌的认可，何乐而不为呢？

在维意定制，这样的惊喜故事经常发生。安装完之后，他们会将现场清理干净，还会帮助客户清洁桌面、柜体，把包装全部拿走。一些客户感到很惊喜和意外，"原来我定了你们的产品，你们还会考虑我要入住！"

**维意定制说，他们并不把顾客当作上帝，而是把他们当家人。现在，公司内部的"家文化"正从每个人的心底、行动上向外传递。他们说："既然是家人，就要事事替顾客着想。"很多时候，他们的设计师会告诉顾客如何省钱，如等到公司有促销活动的那一天再购买。**

维意定制的选择是让服务成为核心竞争力。用客服部经理陈嫦嫔的话说，维意的定制服务要成为"海底捞"一样的极致服务。

南昌店的邓涛替客户送4件补单的故事，在维意内部广为流传。因为路上耽误了一些时间，邓涛着急上火到了客户家楼下，却发现电梯一直不动。怎么办？他来不及细想，果断搬着板材从楼梯往上爬。当他气喘吁吁地爬上17楼客户家中时，客户惊呆了。后来，那位客户与他成了好朋友。

"无论是中心城市还是边远小镇，无论是直营店还是加盟店，消费者看到的都是一样的形象，享受到的是一样的服务，感受到的是一样的负责任。无论客户的预算是1万元还是10万元，设计师都会免费上门量尺，以负责任的态度把每一个方案做到最好；安装到家，无论是1楼还是29楼，我们都会送货上门，不但有专业人员免费安装，而且会用负责任的态度用心把每一件家具的组装做到最好。"欧阳熙总经理在评点邓涛的故事时说，"维意的'到家'，就是为了让客户满意。"

# 什么是环保?

就是家里有抽人学时，就不需要买牙签。

"我认为业绩背后的本质永远都是客户是否满意，只有满意了，顾客才愿意掏钱。"林文彬说。客户服务部分享了许多原本是客户投诉，经过服务人员上门服务后客户反而为维意介绍客户的故事。

不过，在服务顾客方面，维意还是有边界的，也并非顾客全部要求都会得到满足。有一次一个装修工带着他的客户来维意，客户对维意的设计非常满意，但那个装修工想要回扣，维意的工作人员坚决拒绝了。

如果在服务过程中客户邀请维意人吃饭，维意人也会坚决拒绝，如果实在拒绝不了，一定要自己埋单。也就是说，维意追求的满意更多是在精神层面的替对方着想，而不是无原则地给予优惠、折扣或者承诺。

"顾客都是一个个鲜活的人，维意人只要以心付出，制造出惊喜，肯定会换来心的回应和顾客的满意。"欧阳熙说。

宜家尽管在服务上
没有走上极致
的道路…
但却走出了自己的特色

而且这种特色
是基于价值观统领下的
服务创新

# 价值观说话：有所为有所不为

**很多人会抱怨宜家服务不通人情，进入中国很多年也不愿意随机应变，顺应市场环境和中国消费者的现实要求。但其实这恰恰是宜家所坚持的差异化服务理念的一部分。它的每一个动作背后都有强大的理念支撑，这个理念令他们有所为，有所不为。**

虽然宜家看起来与大多数中国商业企业迥异，不提供现场的介绍服务，不提供免费送货和安装服务，但这正是其独特的经营理念。而这些理念一直是宜家和顾客有效沟通并建立共识的一部分，也是宜家成为全球最大家居公司的成功秘诀。

宜家提供的服务看起来有限，但其实它的服务理念是从骨子里散发出来的。比如，即便采用自助购物，宜家也想方设法让顾客愉悦，他们用详细的场景化的说明吸引了很多喜欢安静和自由的客户；在展示上，宜家从消费者的家居生活场景出发，将产品划分为不同的区域，并巧妙地将各种产品组合在一起，顾客甚至可以把设计好的单元直接照搬买走，免去了设计的烦恼。

宜家通过始终如一的低成本战略赢得了大批中低收入客户。它认为，在中国增加很多免费的服务，可能会损害这一战略在中国的实现，并对其产生不利的影响。

说到底，在中国服务不免费还是为了赢得消费者，他们关注产品更甚于服务——其实，做好产品何尝不是为消费者提供服务的核心部分！

宜家的服务理念是"使购买家具更为快乐"，因此，宜家在商场布局和服务方式上都力求自然、和谐，让每个家庭到宜家购物都像一次休闲旅行。

宜家在店内推出了独具特色的餐饮服务。这种跨界经营给宜家带不来多少利润，如果仅以产业论完全可以砍掉，但基于服务中低收入人群的理念，宜家坚持这一特色。宜家提供的餐饮味美价廉、快捷方便，吸引了大量食客，使很多原本不想购买宜家家具的人因此成为宜家的客户，出人意料地开创了一片蓝海市场。

宜家家居餐厅

宜家还有一点特别让人尊敬，那就是许多企业不能或不愿向顾客提供关于产品的全部真实信息，或弄虚作假，或避重就轻、避实就虚，隐瞒产品的重大缺陷。宜家则力求让消费者了解想知道的各种商品知识，使消费者根据规格、质地、式样、颜色等诸多因素中自主选择，确定自己喜欢的产品。这种诚实坦率的经营风格是真正的大家风范，它让消费者真正掌握了选择权。

许多企业恐惧这种透明和公开，生怕暴露问题会将自己置于危机之中。但宜家的经验表明，这种诚实和公开体现了对消费者权益的尊重，这非但不会吓跑顾客，反而令顾客产生由衷的信赖。

**很多国内企业虽然强调服务，但在模式上千篇一律，缺乏鲜明的特点。宜家虽然在服务上没有走上极致的道路，但却走出了自己的特色，而且这种特色是基于价值观统领下的服务创新。这种差异化的服务理念很值得中国商业界思考和借鉴。**

一句话，服务的提供也需要价值观说话。符合价值观的就做出特色，做到极致，不符合价值观的，一点儿也不用提供。

服务不好
即使产品品没有问题
客户也会找出问题

# 服务一定要"走心"

维意定制在理念上有一个天生的优势，这使得它与宜家相比在理念上有过之而无不及。

**这个优势就是定制，不单是产品实现了消费者的个性化定制，关键是实现了整个维意组织围绕消费者的运转模式，简单地说就是实现了C2B的模式。这是相当了不起的成就，它甚至在模式上超越了宜家**（后文专讲）。

一些媒体分析，"定制服务"是2014年最为风靡的服务理念。

这种模式的实现在服务上意味着，整个组织都在满足消费者的需求，都在围绕消费者提供全流程的服务。这种服务精神已经不仅是骨子里的，而且更进一步，变成基因里面的东西了。

有关注并满足顾客需求的想法并不难，部分或完全实现这种模式也未必不可能，但要让整个团队都能够有意识并主动行动，并为此建立一整套的组织架构和工作流程，却相当不简单，它已经上升到战略和模式层面了。

"加班是自己的，一切只为做好服务。"客服专员蔡春云说，在现场跟踪服务甚至一直到凌晨三点才离开是经常发生的事情。有一次，一个客户在第二天要举办入住新居的庆祝活动，维意人通宵完成了安装工作。此外，客户在现场提出的很多临时要求，服务人员也保证完成。

在负责任这方面维意和宜家颇为相像。许多客户会临时提出要求，如定制的衣柜正常出厂需要三天以上，如果客户提出特殊要求，也可以通过申请在三天内加急完成，甚至某些客户特别要求在一天之内完成也会尽力满足。这已不单单是自己部门加班能够解决的，而是对整个维意定制的生产、物流配送能力的考验，而这样竟然也可以实现，实在令人不可思议。

**"用户的难题就是维意定制的课题。"这是维意定制一直在贯彻极致服务的写照。而这种极致的达成靠的正是其强大的市场服务体系，是其服务能够介入生产环节的秘籍。**

**其实，维意定制的每个零部件上都有如身份证一样各不相同的喷码，一旦发现质量问题可以"一追到底"，详细的售后意见能及时把用户对质量的投诉传递到设计、生产等环节。**

在维意定制的服务人员眼里，顾客的抱怨背后可能蕴藏着市场需求，通过信息化筛选出的数据足以策划出受欢迎的产品，因此服务工作一定要"走心"，马虎不得。

"你们的衣柜轮子老掉出来，怎么回事？"维意定制客服人员蔡春云已经第三次接到这个客户的电话了，"您好！夏先生，我们马上派同事过去帮您处理问题！"这位夏先生是客服眼中的"特殊顾客"，一般售后问题最快也要两天后才能安排处理，但是针对某些"特殊客户"，蔡春云会加急安排人员当天去处理。后来，现场检测的员工发回检测报告，原来夏先生在使用拉门的时候用力过猛，导致轮子容易脱出。严格说起来这并非拉门的质量问题。这之后的一个

骨子里的定制服务精神

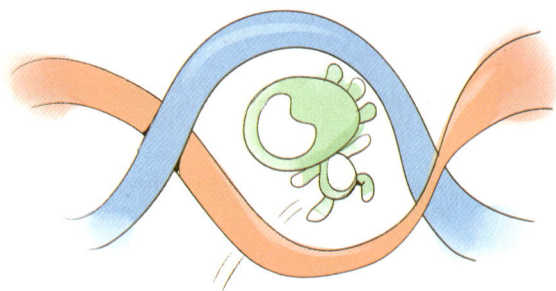

更是基因里的

月内，这位夏先生还不断来电要求检测其家具的性能或者要求赔偿。用蔡春云的话说，"某些要求已经超出了服务的范围"，例如赠送盆栽之类。

后来，蔡春云亲自上门了解夏先生的需求。从电话沟通到家里现场沟通，蔡春云细心地告诉客户如何合理使用拉门、如何保养家具等，又因为客户家里有小孩，蔡春云还安排安装师傅大其衣柜免费安装了防撞角。

维意定制微社区

那次上门沟通后，夏先生没有再投诉。"某些时候，我们的产品质量会因为'服务不到位'而受到影响，这是顾客心理层面的，所以这时服务就非常重要。"

半年后的平安夜，蔡春云发送了一条"夏先生，平安夜快乐"的短信，而这位先生回复了一句，"你还记得我？"那一刻，看着短信的蔡春云会心地笑了。也许，这就是不断地给客户制造的惊喜与关怀吧。

**"服务不好，即使产品没有问题，客户也会'找出'问题。"**客服部经理陈嫦嫔说。在维意定制，客户购买其定制服务满一周年后，客户部会让客户拍照片发回维意定制与其他客户分享。通过与客户互动，维意定制的品牌理念走进了客户的生活。"半年以上的客户，我们也会做回访，不间断地做服务工作。"陈嫦嫔说。

通过后续的细致关怀服务，维意定制每卖一件产品就感动一家人，甚至形成邻里间的民间舆论场，持续提升服务水平其实正是做大做强舆论引导力，长此以往，企业声名远扬，可获得令人望尘莫及的竞争优势。

维意定制把聘请国际巨星李冰冰担任形象代言人也视为对客户服务的一部分，欧阳熙对此有着自己独特的解释："我们所有做的事情就是要为消费者创造价值。对于消费者，除了给他好的设计，给他好的家居产品，我们还要让他觉得买维意定制的东西很有'面子'，这是非常重要的事情。李冰冰代言是其中的一部分，证明我们这个品牌有品牌力，顾客买了维意的东西是很有'面子'的……"

消费者的心理千差万别，有面子是必须的。这些"走心"的服务日积月累，必然能起到增强顾客忠诚度与顾客满意度的作用。服务对于营销的重要性越来越被人们认可。但如何根据企业自身特点建立卓有成效的服务理念、模式和文化，宜家和维意树立了截然不同的样板。同样是面对个性化消费者，同样是贩卖组合家具和时尚的生活方式，同样强调体验营销，两者在向顾客提供服务的方式上大相径庭，却同样赢得了消费者的喜爱。

商业世界中绝非某家企业可以一统江湖，也绝非一种模式可以称霸世界，它是多元的、立体的、没有是非对错的，重要的是你能否找到属于你的那群消费者，建立自己独具的服务模式和能力，让他们喜欢、购买和欢呼。

维意定制代言人李冰冰参加广告TVC拍摄

服
务
篇

# 营销篇

## 怎样走进顾客的心里？

同样关注体验营销，宜家和维意却走出了两条截然不同的路径，表面上看宜家的路径似乎简单，但背后却匠心独运，融营销于无声之中，而维意要复杂得多，要在店面解决许多复杂的沟通问题，这对团队提出了很高的要求。

# 不知不觉，你被左右了

**宜家的体验营销做到了极致，也是在全球跨国公司中出了名的，处处都透着与众不同的心思。它令消费者将光顾当作一次休闲活动，而不是简单的货品采购。**

2013年宜家亚洲最大店宝山店开业时，盛况据说堪比世博会。人们蜂拥而至，很多人在沙发上打盹，有的甚至在床上盖着被子酣睡起来，搞得记者都看不过去，在报纸上撰文呼唤举止"文明"。

但是，宜家人并没有制止和抱怨，这就是他们想要的状态。而且这种图片在媒体和社交媒体上广为传播，相当于给宜家做了一次免费广告。显然，他们把体验式购物做到了极致。

宜家商场的布置看似简单、安静，其实处处透出设计者的匠心。

到过宜家的人都会被其整体空间的色彩打动。其整体感觉为温馨的暖色调，陈列空间的材质与颜色很简单，除了宜家的标准色外，多以白色、灰色为主，突出产品。

宜家在商品的陈列上也颇有讲究。简单、自然、时尚一直是宜家力求传达的家居风格，气氛温馨、浪漫轻松的陈列布局使人不由自主地产生购物欲望。

宜家宝山商城

同时，宜家经常会在陈列时给予顾客很多生活中实用的建议和暗示，让人惊喜。这些建议和暗示将顾客带入对自己家的想象当中，替顾客解决生活中可能遇到的小问题，以此锁定消费者和目标群。

宜家家居的陈列分布多以样板间为主，床、沙发和椅子允许顾客坐下甚至躺下来，人们可以自由地休息，充分体验产品。"这就是我们的家"这句话随处可见。有人甚至在商场里睡觉，任宜家的服务员丝毫不会有难看的脸色。

宜家的橱窗设计也颇为诱人，很容易引发顾客的关注。另外，很多大型的宜家卖场都开设了用餐区，不但用餐便宜实惠，饮料还可以免费续杯，想喝多少喝多少。很多人就是冲着这个过来的——当然，他们肯定会顺便把店逛一逛。

就这样，宜家在卖场里通过看、听、用等方式，运用语言、色彩、陈列、音乐和灯光等多种元素，巧妙地刺激着顾客的所有感官，情感、思考、行动、联想于无声中将很多信息浸入顾客心田，让他们在轻松愉快、心平气和、耳目一新的同时，不知不觉掏出了钱包。

在许多人眼里，宜家是一个充满娱乐氛围的商店。在音乐的陪伴下，顾客在弯曲的路线中，可以充分体验富有创意设计的家具、挂饰、各种床上用品……这种过程像是一种自由的享受。

《第一财经周刊》载文评论：**"徜徉其中，当你产生'有一个家真好的时候'；**当你发现价格、物品摆放的冷门热门都在刺激你消费的时候；当你发现你的行为成为一个数据库的一部分的时候；当你看到'打开钱包'，然后就真的打开钱包的时候；当你发现所有的温情和优雅的解决方案背后都有一个复杂的分类甚至算法的时候……你总会发现你所得意的'生活方式'，实际上是不知不觉在被这个公司左右着。"

这就是宜家强大的秘密武器之一——体验营销。

# 不把顾客体验做到极致，没有意义

维意早已与宜家差别很大，它凭着对消费者需求的关注反倒走出了一条自己独特的道路。维意定制虽然仍然被很多外行人视为"很像宜家"，比如维意定制的店面也讲究布置的舒适感、细节、格调，但这些并不是最主要的体验，顾客真正的体验反而是热情的维意员工。**以人为基础，维意定制发展出一整套全流程的、与顾客互动的全新体验。**

维意定制的导购绝对是让你暖心的那种，笑容十分灿烂，眼睛里带有无比的真诚，即便你随便逛逛，明显摆出不买的意思，她们也会热心地前来介绍，除非你坚决不让介绍，但在拐弯处她发现你在认真研究的时候还会冒出来……她们的理念是，进店的每个人都是顾客，即便现在没有需要，未来有需要的时候也可能想起维意！

维意定制的设计师个个是沟通的高手，因为他们是销售的主力，上门量尺、方案沟通、不断修改，他们是与消费者打交道时间最长的人，许多人就是因为设计师的勤奋、热诚而埋了单。其他环节，维意也都有着细致的要求，但总的原则是：把消费者当家人。

同样倡导一种生活方式，同样关注体验营销，同样创造家居梦想，宜家和维意却走出了两种截然不同的路径，表面上看宜家的路似乎简单，但背后却匠心独运，融营销于无声之中；而维意复杂得多，要在店面解决许多复杂的沟通问题，这对团队提出了很高的要求。但奇妙的是，它们殊途同归，令顾客最大化地参与进来，达到了营销的目的。

宜家给客户营造一种轻松舒适的购物体验，维意定制同样将客户的感受放到首要位置。

副总经理林文彬表示，外界看来，维意的成长和增长是因为商业模式或者是设计服务以及技术生产的优势，但实际上是对客户感受的极致追求。

维意定制广州东方宝泰店开业

他说，维意定制不会太关注所谓的竞争对手，而是把顾客感受放在第一位，从顾客进店开始，看到的、听到的、闻到的以及体验到的各个方面，维意都力求把工作做到极致。

维意定制在行业内率先打破传统规则，重新定义和诠释了家居服务。它是第一家在展厅尝试提供咖啡或不同季节的茶饮的企业——后来展厅专门设置了一个吧台。每位顾客都送一杯热腾腾的饮料。公司盯着服务行业中做得非常有特色的企业，如星巴克、海底捞，向它们学习。

这两年维意在不断地改变。以前顾客来了看设计方案用的是台式机，显示屏很小，由于客户看方案的时候往往是一家人来，经常出现头碰头的现象，体验很不好；另外，客户坐在一张张硬的椅子上连续几个小时相当难受。

**而现在，设计师将手提电脑直接连接到展厅的大电视屏幕上，呈现彩色方案，而客户一家人则坐在客厅沙发上，旁边有一个美女导购端茶倒水，体验非常舒适。**

在整个服务过程中，维意定制不断地围绕顾客体验狠下功夫。他们每逢星期天或节假日会搞些促销活动。这时，之前看方案的客户会集中过来，大家排着队交钱。因为这一天，除了享受更大的折扣优惠，还有砸金蛋抽奖的活动。奖品有iPad、冰箱、洗衣机、净水机、微波炉、电饭煲等，消费额满一万元砸一次，次次有奖，这样超出了客户的想象，他们就更满意了。

林文彬表示，他始终相信一件事，如果不能为客户创造价值，不能把顾客体验做到极致，你就只能纯粹地做小生意，那样没有什么意义。

维意定制设计岛漫画

坎普拉德有句名言

饿着肚子

谈不成好生意

同样饿着肚子

也没心情去好好逛

宜家餐饮

就是在这种逻辑

一下情情地摧导出来

的

# 一静一动间，沟通都在那里

陈嘉仪是维意定制嘉洲广场店的一名设计师。在她眼里，每个月面对客户反复修改家具方案早已习以为常。反复修改方案就是在与消费者进行深入的沟通，拿着方案沟通比空手比划来得更有效。

"图即使是3D的，效果做得很漂亮，客户也不满意，因为一开始沟通时他希望是欧洲风格，你就得猜，因为维意的样板没有特意去展现哪种是标准的欧洲风格，也没有标准的田园风格，只能靠猜，其间或多或少都有偏差，所以在与客户定义方案时，要么很满意，要么部分修改，要么就是大改。"陈嘉仪说。

不难发现的是，维意由始至终都在为客户提供最好的服务。最好的服务并不是给人多么高规格的礼遇，也并不是设计师高高在上地自吹自擂；而是每一个人时刻都愿意与客户沟通方案，并努力用专业精神和合理的设计打动客户。

在维意定制，设计师有换位思考的习惯。"把自己假设成为一位消费者，如果走进店里，销售导购只是屁颠屁颠地跟着，也不说话，或者是板着脸，我会对那里的产品先打一个折，不管那件产品多漂亮，买了我也不爽。但是，如果这位设计师全程只为我服务，我说什么时候来，他就必须在，还有茶水、点心也做得很充足，一家人来的情况下，也能把小孩、老人照顾好，那么我会特别信任

把顾客当家人

让顾客回"家"

这位设计师。有一些客户成交的并不是方案，而是设计师这个人。"这位设计师坦白地说。

在没有顾客的情况下，导购、设计师和店面经理会一起互扮角色，训练自己与顾客的沟通能力，不断改进。这也是他们的培训方式之一。

维意定制香格里拉

当然，正在飞速发展的维意在系统性地展开传播攻势。2013年7月，他们斥资千万聘请一线明星李冰冰做代言人，启动大营销战略，大大提升品牌在加盟商和消费者心目中的实力感。这些广告随着央视卫视广告、各个城市的公交广告、终端店面的视觉呈现等方式，向顾客传递着家的梦想与魅力。

李冰冰，个性率直，一向给人一种独立、个性、低调、坚韧仗义的大女人感觉。李冰冰用勤勉敬业，踏实律己，用实际行动传递着正能量。在表演上，她是一个有弹性、戏路广、具有大片"符号感"的女演员，可以驾驭各种题材，对角色演绎入木三分，好演技使她多次获得了权威奖项的肯定。同时，李冰冰与时尚紧密贴合，作为第五位完成内地五大女刊满贯的华人演员，她超模般的硬照表现力受到各大时尚杂志的推崇。

李冰冰走进维意定制店面

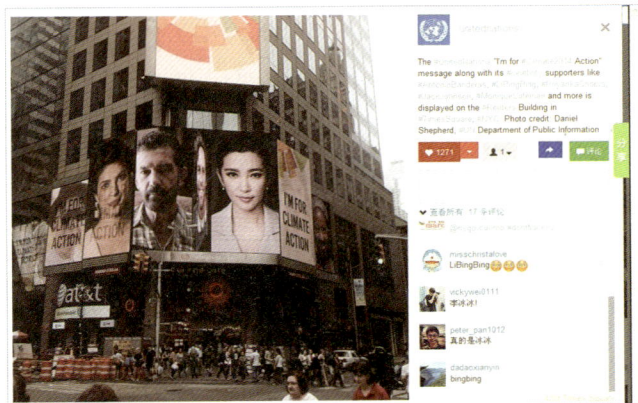

此图来自李冰冰微博

李冰冰被联合国环境规划署任命为亲善大使，出席2014联合国气候首脑峰会，并发表英文致辞呼吁大家关注气候变化。

冰冰在致辞中表示：气候变化与我们每个人生活息息相关，全世界一起努力，终有解决之方。她还引用了中国谚语"有志者，事竟成"来说明决心的重要性。

对比维意定制，宜家的经营理念是"提供种类繁多、美观实用、老百姓买得起的家居用品，因此，大众化、低价是其整个运营流程的沟通重点，甚至上升到从坎普拉德到宜家的经营哲学和信仰中。宜家经常让媒体宣传坎普拉德的节约精神，坎普拉德甚至喜欢媒体给他的"吝啬大叔"的称谓。这一切均清晰地指向宜家的平民化定位，并为宜家的低价优质背书。

所以，宜家清晰的品牌定位令它的企业和产品与众不同，物美、价廉和耐用是宜家行销全世界的名片。它的许多小产品、饰品时常以创意设计和令人惊讶的低价勾起顾客的购买欲望。

宜家没有导购人员，但这并不意味着它放弃了与消费者的沟通机会。恰恰相反它更显得深谋远虑，产品的信息会通过精心定制的导购信息牌展示出来，价格、功能、使用方法、购买程序等几乎所有的信息一应俱全，甚至宜家还会通过漫画的方式来进行详细说明。在趣味的图文体验中，消费者可以获取产品信息，独立决策。

在促销中，宜家十分擅长运用色彩，使整个卖场充满了创意和人情味。宜家终端颇具匠心，是体验营销的行家里手，它把整个商场布置成了一个家，全方位地影响着顾客，传导着自己的文化，使顾客在不知不觉中被感染和征服。

**有人说，像家具这样的大件消费品，顾客做决定会比较慎重，宜家在终端方面的巧妙布局、设计和态度，无疑让顾客可以充分放松下来，这种焦点的转移也让他们可以充分地思考和决策。他们只要有停留，宜家就有多卖更多商品的机会。**

但可惜的是，众多的国内商业企业并没有真正领悟到这层意义。

当然，也有人仅仅为了吃饭去趟宜家。因为它不贵，而且是瑞典口味，餐厅工作人员甚至对小孩子颇为关照。宜家的逻辑是：让顾客饿着肚子是无法做好生意的。

坎普拉德的这种固执逻辑却成就了宜家的餐饮生意。当年它只是一间小小的咖啡屋，现在却成了年营业额达16亿美元的部门。不过，坎普拉德肯定没有把这些放在眼里，在他的心中，这个餐厅所寓示的文化价值更为重大。从某种程度上，它何尝不是宜家所倡导的一种生活方式的象征？

可以看出，宜家的"终端拦截"像是一次精心布置的邂逅。虽然，它不像国内诸多企业那样用大喇叭、美女、歌舞吸引你的注意力，刺激你的感官，但它更时刻都在以持续的精神、感官影响撩拨着你的欲望，让你"步步动心"。这也是每一个宜家商场都能人气爆棚的原因。

# 60多年前的宜家"自媒体"

**宜家的另外一个沟通法宝是它的"自媒体"—— 一本叫《美好家居指南》的商品手册。这本内部出版物源于1951年，但没想到的是，宜家把普通的内部刊物做出了品位，做到了极致。**

宜家每年都会向消费者派送这本制作精良的刊物。刊物上不但展示产品照片和价格，还有设计师的排版设计，以求从美观和功能等方面表现宜家产品的优点。消费者看后会有许多生活启发，也就是说，这个"自媒体"已经成为宜家指导消费者家居布置和提高生活情趣的实效教材。

据说，宜家的商品手册每年印刷量惊人，高峰时曾达两亿册，甚至一度超越了《圣经》的年度印刷量，成为最大的"自媒体"，全球数亿人到过宜家的商场购物，这份叫《美好家居指南》的"自媒体"则是牵引这些人的有力工具——许多人受了它的诱惑直奔宜家商场而去。

因此，这个"自媒体"成为宜家非常重要的营销工具，被持久地坚持下来，并且随着时间的推移不断"发扬光大"。现在，这份《美好家居指南》已不单单是简单的商品目录，而成为宜家理念、家居品牌与文化传播的重要平台。人们在轻松有趣的阅读中，不但对宜家的创意设计有了直接的认识，还把它当作装修指南使用，在无形中接受了宜家的品牌。

宜家产品杂志封面

宜家的这份商品手册大多选择在秋天发行，据说是因为这个时候人们开始将生活的注意力转向家居生活，计划着换一些家里的物品。

在这份刊物里，宜家试图向人们传达生活的品质，而不是像国内某些商家一样简单地罗列产品和价格。比如，如果是展示桌子，宜家绝对不会将它空空地放在刊物里，而是配上相关的内容如人们吃的喝的东西，这些精心的设计激发了更多人的美好想象。

宜家"自媒体"还会将目光投到人。宜家会选择一些模特对产品进行推介，这些模特并非都是美女帅哥，甚至可能是谢顶老头扮演老爸的角色。宜家认为，模特是否帅气、漂亮根本不重要，重要的是亲和力，是否能给人带来开心幸福的感觉。

这份商品手册能引起人们的浓厚兴趣的一个重要原因是，它像你的朋友，不断给予你中肯、暖心的建议，它让你听从你内心的声音，或者当你喜欢的时候给你专业的建议。这些均在不同程度上激发着顾客对生活的热爱，唤醒着人们的梦想。

在宜家日积月累的坚持下，这份商品手册具有更广泛的社会意义，开始受到更多公共媒体的关注，有媒体说它是"社会学杰作"，也有媒体从这份手册中看到了社会发展趋势，比如2003年的《南德意志报》上也写道："从社会学角度看，宜家目录指出了一种发展趋势，即黑白混血儿是全球化形成过程中的产物。"

中国许多企业都有自己的内部刊物，现在也有了自己的微信、微博和网站，一些商业连锁企业也有类似宜家产品目录的宣传册，但这些更多是随大流的存在。

宜家把一件事情做到极致，数十年来不断坚持而且不断赋予更多内涵，的确给了我们这些一味求快、求流行的企业一些启示：做自己，做出最好的自己，慢也是快，这其实比什么花哨的理论和流行都重要。

宜家厨房空间

# "3124"：销售活动化，活动销售化

早期的维意定制除了在展销会上招商外，还有一个重要的推广形式，就是把设计人员"赶"到商场去举办"家具设计节"。

这是因为定制的核心是设计。为了吸引顾客，维意定制提出了非常吸引人的口号：免费上门量尺、免费设计，也就是说顾客下不下单都没关系。

现在维意不再举办设计节了，但各地的Shopping Mall店里的营销活动不断，比如已付款的消费者可参加"砸金蛋"抽奖活动——据说这个创意是借鉴学习央视的《非常6+1》节目。现在砸金蛋活动已经成为维意定制每个店的月度金牌活动，消费者只要购买维意1万元以上的产品就可以获得一次砸金蛋的资格，而且次次有奖。

同时，维意定制邀请顾客带着一家人参加亲子游戏活动，让一家人在参与中享受快乐，在快乐中感受维意……如果说宜家是让顾客"步步动心"，那么维意定制的终端拦截就可称得上是"步步有心"，实现了销售活动化，活动销售化，每个细节和动作都透着维意人的用心。

2011年，维意定制大踏步进军Shopping Mall。这样"设计节"就可以变成每天的

维意定制设计节

活动了，因为设计师直接进驻店里，消费者不但可以看到图像，还可以看到装修完的样子。

不过，要说维意"拦截"顾客的核心秘籍，还是要说说维意的"3124"，这个话题未来还会多次提到，因为它已经成为维意人盛大的活动节日，是维意人每月疯狂追逐的目标、情感所在，更是其文化的核心组成部分。

**"3124"从字面上理解就是31日24时，即每月最后一天的最后一分钟。维意定制的"3124"为其终端销售起着重要作用，即抓住最后一次机会，坚持最后一秒。这源于维意的PK（竞赛）文化，每个月的月末，各个店、各个部门，上至老板下至普通员工都会盯着数字的变化，看哪个部门、店、人会赢在最后。这是一种不抛弃、不放弃的团队进取精神。**

每逢月末，维意人就开始高度紧张起来，双眼盯着各种数字以及内部竞赛对象的数字变化。

即使在"3124"这天深夜，维意人自觉地待在工作岗位上，横下一心拼命冲刺：竭力帮助客户修改设计方案，或邀请客户过来确定、付款。

他们主动加班加点，甚至整个商场关门了也不休息。

维意内部编印的资料书籍《你是我的唯一》中记录着这样的故事：2012年4月，来自嘉洲店的谭林特别惆怅，家具市场一片惨淡，一直到4月10日只量了一个尺，收款一直为零。到了中旬，没有想到上个月看起来好像没有定制意向的客户主动找上了谭林，谈了好几个小时后，最终成功收款3万元！当时谭林特别激动："那心情难以形容，就像捡到了一个宝贝，合格了，有了3万元的基础，这个月的'3124'可以冲优秀了。"

到了4月29日，也就是当月倒数第二天，谭林的业绩冲到了第一的位置。可是，到了30日，谭林掉到了第三的位置。"这怎么行！"谭林首先想到的就是这句话。"绝对不能输了，我要约两位客户，不行，两位太少了，要三位。"就这样，把潜在客户的电话打了一轮，内心也没有底，但是那时他顾不了那么多了，一直忙到30日下午5点多都没有休息过，直到收了一位客户1万元的定金才停下来吃饭。

但是，谭林还不罢休，又约了客户过来，使上了浑身解数把款收到了19万元，一直坚守到第二天凌晨才稍稍放松下来。就这样，他获得了当月直营竞赛第一名。

这就是维意定制的"3124"精神，它的背后一是强烈的目标感，二是全力以赴的精神。正是靠着这种精神，维意才得以一直走在定制家具的前端。

近日，

由宜家集团参与成立的英特宜家购物中心集团正式宣布，其在中国的首家超区域购物中心将于6月27日在无锡投入运营。即将亮相的宜家购物中心与中国消费者所熟知的经营家居用品的宜家家居，都属于总部位于瑞典的宜家集团。商人们对英特宜家购物中心集团，却知之甚少。据笔者获悉，英特宜家购物中心集团是由宜家家居母公司宜家集团与英特宜家集团分别以49%和51%的股权共同投资。目前英特宜家在中国已扎足3个项目，将陆续面世。

"随着零售公司发展到一定阶段，积累了一定的资金，就会开始寻找一些能发挥自身优势、投资回报率也更高的项目以进入。"RET睿意德研究中心首席分析师施璐告诉笔者，宜家进入中国已经有十多年的，所以将其成熟的购物中心模式引入中国也是顺理成章。

只不过，在中国市场的购物中心数量领增且同质化严重的今天，外资零售巨头进军商业地产并非胜券在握。尽管拥有年均客流量超过300万的宜家家居商场，但在零售业并不景气的今天，"新手"英特宜家想要在众多同行包围下脱颖而出困难重重。

看重成熟市场和土地升值：据了解，宜家在国外一直都是采取租赁与自建并行的模式。自持物业的比重超过八成，在俄罗斯等欧洲国家也建立了多个自己的购物中心。

"如今当宜家感觉自己在商业地产方面积累了足够的经验，这种模式也十分成熟后，就开始尝试在更多国家运作。"业内人士说。后瘾表示，宜家多年来一直以自建卖场为主，相比租赁的方式，公司不仅能获得项目营运上的利益，还能享受到项目升值的价值。所以宜家在中国多个一二线城市布局购物中心，不仅看中了成熟的商业市场，而且还看中了土地的升值潜力。

英特宜家购物中心集团中国区董事总经理丁晖在接受笔者采访时也指出，英特宜家走出欧洲进入的第一个国家就是中国，表明英特宜家非常看重中国市场长远的发展潜力。"对于宜家而言，其卖场利润上升的空间可谓微乎其微了。"在中投顾问高级研究员郑宇洁看来，虽然宜家家居目前在中国运营良好，但是不可避免临人工、租金成本不断上涨困扰、而行业内本土竞争激烈。中国宏观经济弱势走向的局面也对宜家家居形成一定的威胁和挑战，需要做出一定的调整，来适应环境的变化。

实际上，从物业租赁方过渡到商业地产的投资商和运营商，不仅是宜家，其他多家外资零售公司在中国发生转变也是一个正常的过程。"原因很简单，'家居卖场+购物中心'这一新型商业经营模式，将为宜家创造新的机会。一方面，可以为主业发展提供专业卖场、自建物业也能降低成本；另一方面、建设购物中心，出租店铺，运营游、娱、乐等其他项目，可以获取租金、物业管理费等其他费用。"郑宇洁表示。

国内很多地方政府都非常欢迎英特宜家的到来，尤其是一些二三线城市，因为宜家在零售方面的经营管理经验非常丰富，而这往往是本地商业地产开发商所缺乏的。

从传统家居卖场转变为家居卖场和购物中心结合这一模式，宜家集团又有了新的营收模式，而购物中心租金收入将成为未来业绩的重要增长点。"尤其随着城镇化的推进，物业增值可以给宜家购物中心带来更可观的收益。"郑宇洁表示。

当然，在宜家的购物中心中，都会有宜家家居这个被人们已经熟知的品牌主力店入驻，这样同样能快些带旺购物中心的人气。进而推动周边地区的商业发展，同时拉动相关地块的价值。

"'捆绑'宜家家居卖场，也正于英特宜家与宜家是战略合作伙伴，宜家既是投资者也是很重要的旗舰商户。丁晖希望，两者相结合吸引更多的人流量、互相帮助当地的市场，创造最完善的体系去方便消费者，更好的为消费者服务，起到互相促进作用。

不可否认，购物中心式门家具城符合未来商业地产发展趋势，给消费者更多体验式消费。尽早布局该领域，将增强其竞争力。值得一提的是，沃尔玛的购物中心也将以大卖场和山姆会员商店为主店，看来偌自家主力店吸引顾客已成为外资零售巨头进军商业地产的杀手锏。

而"一站式购物"是英特宜家给自己所下的定义。拿英特宜家无锡购物中心来说，它的业态组合非常丰富家家居卖场、大型迪市、苏宁电器[0.36% 资金 研报]、电影院、儿童业态、零售、餐饮，基本上涵盖了多层次的消费需求。零饮、零售和卖场等主力店的比重大约为1：1：1。从选址来看，宜家在中国的购物中心并没有设在市中心位置，而是在距离市中心10公里左右的城市副中心，接驳轨道交通，有大量停车位、为家庭及团体圆客提供便利。如今我国购物中心的格局逐渐向导体验型转变，一站式家庭型购物中心会是未来的主流，而宜家购物中心正是瞄准了这样一个定位。"施璐表示，购物中心能否重演辉煌？在中国市场，跨国零售企业从租赁者转为地产项目开发商还是一个很鲜见的。与此同时，些下我国本土零售商在"转型"时却不遗余力，结果却差强人意，包括此前娃哈哈等推的娃欧商场。近年来，商业地产的供过于求不是新鲜事。有数据显示，截至2013年，我国购物中心总数已达3500家以上，每年新建的购物中心如雨后春笋般分散在我国各大城市中。预计到2015年、有望突破4500家。很明显，我国商业地产将呈现出供应过剩的情况，中国零售物业市场两极化将进一步加剧。实际上，零售和商业地产是两个不同的行业，前者看重现金流，而后者需要有雄厚的资金支持，零售企业能否将他们的资金优势移植到地产行业上来，目前还难以判断。

有业内人士认为，并不是所有的企业都适合做商业地产，宜家似乎也不例外。此前英特宜家已透露早已从宜家家居"取经"，这被其看来是走了一步绝妙的好棋。可即便宜家家居在华运作还算不错，但毕竟家居连锁是专卖类纯粹的零售业态，宜家家居商的成功并不代表英特宜家购物中心的成功。

分析人士指出，建设、运营购物中心是一项大工程，宜家在这方面缺乏经验，资金、人才，商业地产招商运营以及后续物业管理等都是挑战。此外，其购物中心意图建立在郊区，虽然拿地便宜，交通便利，场地充足，但是能否有效的吸引人流参集、聚集是一个关键问题。

在郑宇洁看来，从单体店迈向购物中心，英特宜家要想留住顾客，还需要加大力气。也正因为如此，英特宜家并不敢盲目扩张，因为用户消费习惯还需要慢慢培养。

事实上，进军家居的顾客并不一定会为英特宜家购物中心其他的商户买单，因为能否和宜家一样做到真正"低价优质"是决定英特宜家成功的关键。可丁晖也明确表示，英特宜家并不容易找到合适的开发运营和管理人才。"目前国内很多做购物中心的都是依附在房地产开发公司之下，购物中心更多的是帮助提升其他物业价值和销售的辅助性工具，和我们需要的商业性购物中心要求的人有一定差距。"

# 管理篇

员工凭什么激情快乐

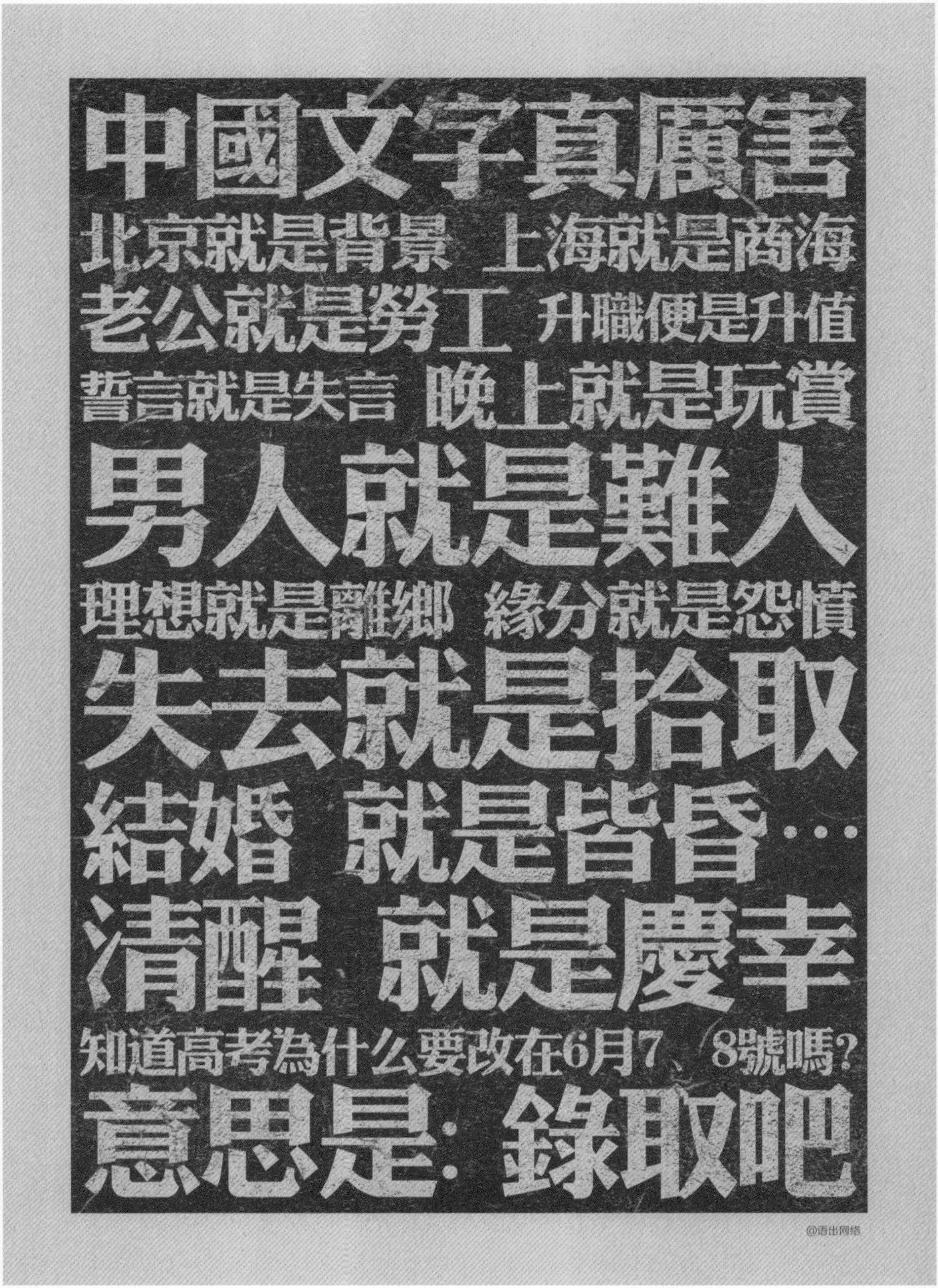

中國文字真厲害

北京就是背景　上海就是商海

老公就是勞工　升職便是升值

誓言就是失言　晚上就是玩賞

男人就是難人

理想就是離鄉　緣分就是怨憤

失去就是拾取

結婚　就是皆昏…

清醒　就是慶幸

知道高考為什么要改在6月7、8號嗎？

意思是：錄取吧

@語出網絡

维意定制设计文化海报

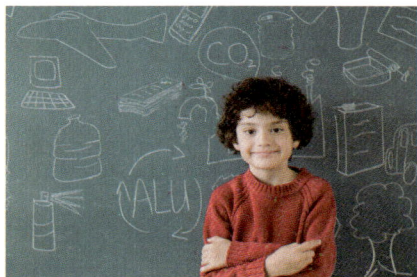

坎普拉德在内部推崇的是"拥抱式管理",维意定制内部倡导的是"在一起"团队精神。两者传达的都是团队成员之间真诚的爱与尊重。

据说,许多刚入职的宜家员工会收到一本书《发现你的优势》,他们也会听到类似这样的话:每个人都是不可替代的。维意定制强调的是"尊重并发挥每个人的个性",新入职者收获的是一本内部编印的《你是我的唯一》——里面有无数个维意人的激情与故事。

这两个为消费者提供个性化商品的企业都把发掘员工的主观能动性放在非常重要的地位。

坎普拉德在内部推崇的是"拥抱式管理",维意定制内部倡导的是"在一起"团队精神。两者传达的都是团队成员之间真诚的爱与尊重。

几个同学虽然不是血缘但在讲人情的中国却是一种很亲密的类血缘关系

# "拥抱"，像个老朋友

**相比宜家的家庭创业和坎普拉德的"拥抱"孩子们，维意定制创业的几个人却是"同学"，虽然不是血缘关系，但在讲人情的中国，这却是一种很亲密的类血缘关系。他们更强调家人般的"在一起"。**

拥抱对于欧洲人来说是一种基本的礼仪。早期的时候，坎普拉德和同事经常一起住在简易旅馆的同一个房间，一起谈工作与生活。如果房间只有一张床，他会和同事头挨着脚挤着睡，因为这样住宿费用也可以减半，而彼此也感受到一种亲密无间的温暖。

后来，坎普拉德把亲密无间的氛围带进了宜家的企业管理中，见到喜欢的人，他会先来一个有力的拥抱，告别的时候更是如此。

有人评价，坎普拉德式的拥抱习惯背后有一种平民情怀。这可能归因于他早期艰苦的创业经历以及青年时期接受的时代思潮的影响。

圣诞是西方人最重要的节日，宜家在很早的时候就开始举行圣诞派对，现在这个活动已经成为宜家总部最重要的节日和文化传统（当然，其他分部也会举行形式各样的圣诞活动）。

每次会上，坎普拉德都反复强调宜家的企业哲学、激励员工们，然后，在欢乐的气氛中，他会跟每位员工握手，向他们赠送礼物。

宜家实行的是员工终身雇佣制度，已经建立起一整套的员工关怀制度体系。比如，每三个月进行一次全员的身体检查，保证员工身心健康。他们认为如果员工总是做同一种工作，不仅效率低下，而且人也容易疲劳，容易得职业病。因此，宜家有定期进行岗位轮换的制度。

正因为如此，许多员工都以身为宜家的一员感到自豪，他们发自内心地热爱这样的企业。也因此，在公司遭遇危机的时候，忠诚的员工们会挺身而出；这在1994年坎普拉德曾遭世界舆论质疑——怀疑他的政治倾向时表现得淋漓尽致。当时，几百名员工联合签名声援坎普拦德，表示"永远支持"他。

左一彭劲雄，左二周叔毅，右一李连柱

管理篇

# "三贱客""在一起"

在维意人的眼中李连柱像老师、大师兄，时刻准备着和他们并肩战斗。欧阳熙清楚地记得创业早期，李连柱等几位股东和他们商量产品卖点、开店的细节、如何推广更有效果，甚至小饰品的布置都会反复比较。遇到问题了，他们会一起商量想办法；员工生日了，他们也会和大家一起庆祝；打了一场胜仗，他们会和团队一起狂欢；而遇到危机了，他们会和大家一起面对……

2009年11月，维意定制工厂启动了一项旨在提高仓库利用率的技改项目，但一个月后，发生了非常严重的危机——仓库大乱：工人找不到相应的部件，仓库根本发不出货去，生产的新品也入不进去，堆积如山的几万包货全乱套了，怎么办？

这个时候，李连柱、周叔毅、欧阳熙等领导全到了，最后大家决定，采取最笨的办法，临时租了一个大仓库，大家一起把这些货全部扫描分类，运到新仓库。为此，三位领导和员工们一样，几天几夜没合眼……

现在，虽然员工在迅速扩充，但维意定制的这种"在一起"文化反而更强烈了。2014年营销年会上，虽然整个活动流程已经结束，但员工们却不愿散去，他们拿着酒杯，相互祝贺、道感谢，很多人拥抱、欢笑、泪洒当场。

穷矮丑食物清单

红烧牛肉方便面

香辣牛肉方便面

麻辣牛肉方便面

香菇炖鸡方便面

高帅富食物清单

红烧牛肉

香辣牛肉

麻辣牛肉

香菇炖鸡

维意定制设计文化海报

在维意定制，几乎每个人都会提到"在一起"管理文化。工作的时候，不论设计师加班到多晚，都会有导购、店铺经理主动留下来陪他。很多个"3124"的晚上，各个部门、团队会一起庆祝在内部竞赛中取得胜利、超越自我……

说起著名的"三贱客"大家都知道是谁，那就是刘波、林文彬和梁伟杰，他们三个人几乎同时加入维意公司。他们三个人私下是哥们儿，经常厮混在一起，连口头禅都是一样的，常说的一句话是："贱也是一种正能量"——他们认为只有放下面子、心态调整到位，才能做好服务，"三贱客"的名号就此传开。每年公司评奖，从优秀员工到优秀管理者，这三个人几乎每年都有斩获。

现在他们已是维意管理的骨干：刘波是教育中心的院长，林文彬是公司副总经理领导直营部，梁伟杰则负责维意的"特种部队"——330拓展部。他们私下依然是好友，但PK起来各自率领团队向前冲。

市场总监刘杰在一篇文章中说："3124对于现在所有维意的人，不管是总部还是加盟商，不是一个简单的数字和符号，应该是一种精神，一种不抛弃、不放弃的精神。"几乎每到"3124"，所有的维意定制家具店营业到凌晨三四点，陪着客户讨论方案。商场的保安甚至直接坐在他们店前值夜班。

在维意定制，"在一起"的管理文化被发挥到极致，许多管理干部正将这种精神和管理方式不断向经销商、员工甚至客户传递。陪同是对团队成长最有用的事情，陪着你的员工，陪着你的下属一起做事情。不是说今天布置一个任务，完得成就很牛，完不成的就是一个白痴，维意定制不是这种概念，而是"我陪着你一起完成"。

"这种感觉不一样，这是我们企业文化非常精髓的部分。"刘杰说。

独立进程的推动力

# 独立进程背后的推动力

坎普拉德不仅在营销观念上实行创新，还把创新作为一种发展的工具，应用到各个方面。

**一方面，宜家为大多数人制造实用、廉价的家居用品；另一方面，坎普拉德不仅在营销观念上实行民主，还把民主作为一种发展事业的工具，应用到各个方面，为平民大众服务。**

但坎普拉德同时也明白，一味的民主也会带来要命的管理问题，容易造成议而不决，降低效率甚至贻误战机，因为每个人看待问题的角度、立场和水平均有相当大的差异，如果什么事情都允许质疑和讨论，可能会无休无止，员工也会在这一过程中无法获得成就感。

因此，坎普拉德绝不仅仅是温情的拥抱——如果仅仅靠这个，宜家肯定坚持不到今天——还包括家长的威严。他是个以公司为家的人，几乎所有的思考和智慧全用在宜家的经营上。

比如，随着公司的壮大，许多人都建议宜家上市，以便筹措到更多的资金。这几乎是人人看好的项目，坎普拉德却置之不理。自始至终，他都坚持走自筹资金的道路，他的观念是，如果借了别人的钱，那自己就会不自由；挂牌上市则必须面对大众媒体的压力。另外，他还认为，上市之后公司必然把一部分利润用于支付股东红利，这就相应地减少了企业的自有资金，以致无法支持公司做出重大决定。

英格瓦·坎普拉德

# 重视老员工与"传帮带"

在坎普拉德看来：真正的宜家精神是"我们的热忱，我们持之以恒的创新精神，我们的成本意识，我们承担责任和乐于助人的愿望，我们的敬业精神以及我们简洁的行为所构成的"（《一个家具商的誓约》）。

这些精神迄今依然可以在这位80多岁的老人身上见到。如果不工作，他的心就无法平静。他代表了宜家的精神。

宜家饰品

"公司就是家，家就是公司"（《一个家具商的誓约》）是宜家九大训条中最为核心的理念，最早进入宜家的员工都和坎普拉德一样融入了这种家人一般的亲密关系之中，这些价值观通过"传、帮、带"不断传输给每一位新员工。

现在宜家已经成了一种生活方式的代名词，很少有人单纯把它视为"卖家具的地方"。这是很多中国企业梦寐以求的品牌目标。

为什么宜家会有如此魅力？宜家中国投资有限公司（零售）人力资源部一位负责人在接受《中外管理》记者的采访时提到："重要的一个原因是我们有相当大比例的老员工，当然包括很多工作了10年的员工，他们用自己对这个品牌的理解，传播宜家特有的家居理念和企业的价值观。"

据这位负责人介绍，宜家的许多新员工入职的时候都会有一个老员工"伙伴"，给新员工指导和培训，同时对他们的表现进行评估。

宜家的员工之间，尤其是在新老员工之间，每时每刻、随时随地都在进行经验分享与言传身教。维意定制面对的是大量的80后、90后新生代员工。

相比70后的易于管理、服务意识强等优点，这些新生代员工更愿意自我表现，强调个性。因此，维意定制在管理上会从员工的角度去想，发挥他们的特长，提倡参与和尊重。

欧阳熙认为这些小伙子都是非常讲义气、重感情的，"你为他做些小事，他就会为此而感动。管理人员以身作则去做的事情，员工们会从内心佩服。"

维意提倡让员工的个性需求得到体现；对于有特长的员工要给他们表现的机会。公司的管理团队建设、干部提拔全都按照这样的思路去做，让大家觉得有能量就有地方可以发挥。

维意定制阿尔卑斯客餐厅

为了给顾客最好的体验、让顾客满意，维意人进行了各种尝试、创新。比如，他们会在店里人流少的时候主动到商场的其他餐饮、商店拜访，宣传维意，让更多的人扫维意官微的二维码；比如学习《海底捞你学不会》这书本后，他们很认同"顾客是一桌一桌抓出来的"这句话，立即将之应用在工作上；比如一位顾客介绍了另一位朋友，维意人的总结是"感谢我们店的所有员工"，以前他们做方案都是各做各的，不会像现在这样积极主动、相互帮助、团结和睦，现在"他们都成长了"。

加盟部经理陈鹏洲说："一个好的管理者应该是将自己的感触和感悟与团队成员一起分享，不仅做好自己，还要带着团队一起练习（陪练），共同学习成长。"言传身教已经成为维意定制的"传统"。比如广州一家新店开业，公司可能会抽调佛山的员工组成"传、帮、带"小组，与新店招聘的新员工一起完成开业，待到实现预期销售业绩并运行稳定后才撤回原店。被抽调的员工虽然有权拒绝，但基本上他们都非常乐意去打这样的硬仗，似乎这是无上的荣耀。

新入职的员工比如设计人员（他们称为"春苗"），都会有指定的设计师带着。维意定制副总经理林文彬是一个80后的小伙子。他是从基础员工一步步成长为高层管理者的。在他看来，"带"团队有几个方面很重要。

首先，你是一个怎样的人很重要。如果你是一个传递正能量的人，在任何时候都会传递出正能量，影响到身边人。

其次，80后、90后的年轻人很有想法，多关心他们是很重要的。原来做市场的人不会去注意细节。从2008年开始，公司多了很多女店长、女导购，他发现她们需要一种存在感、成就感。

第三，不能把自己当回事，不能把自己看得太重。带团队的人必须把同事当兄弟、当家人。

第四，如果一个团队的头儿不能真心地让底下的人感动几次，他们就不可能真心听你的——即使听也是因为你的权力。

最后，在带团队的过程中，你能否给他们带来实实在在的成长。

看来，"传、帮、带"不仅传承维意人的优秀经验，更重要的是传递维意人的精神气质，这种气质令其员工更具有创造力，每个员工都在积极进取，不断通过现场学习和实战总结丰富、提升自己。

欧阳熙说，"传、帮、带"其实是管理的精髓。管理者靠的不是公司任命赋予的职责，真正的领导人靠的是员工内心深处自发地接受，靠的是影响力。大多数时候，"我们的管理靠的是家风，而不是家规"。

维意定制店内为顾客准备的精美小糕点

# 快乐工作，把不可能变成可能

**现在，合作已成为拥有七万多名员工的宜家管理的精神内核。每一个宜家人都以公司为家，他们在公司里找到了自己的快乐。**

"宜家"人将为普通大众创造美好生活的每一天视为公司的最高目标，在这样的目标下，他们互相帮助、彼此忠诚、团结一致、朴素生活。在"宜家"既不讲头衔，也不讲特权，内部人员互相之间用"你"称呼。

坎普拉德希望员工不要害怕出错，从管理者到员工要始终不忘自己的职责且勇于承担。坎普拉德经常说："让我们保留一个由积极进取的人组成的团队。"正是他们把不可能的事情变成可能。（《一个家具商的誓约》）

企业怎么对待员工，员工就会怎样"回馈"给顾客。在宜家文化的影响下，宜家人创造着与顾客的良好互动关系，它甚至成功地让顾客也参与到宜家低价理念的建设当中——倡导自己运输、自己安装以降低价格。

在设计美轮美奂的宜家大型家居商场里，宜家的工作人员只是为顾客的选择提供必要的协助，从不需要到顾客面前进行推销。坎普拉德说：要让宜家的员工做更有价值的工作。

在北京四元桥附近的宜家卖场有将近4万平方米，但所有的工作人员不到500人。商场的所有领导都和普通员工一起办公。宜家认为，所有的管理成本最终都需要消费者买单，这是宜家不愿意加给消费者的，所以宜家的所有领导都没有秘书，不管大小领导出差都只能乘坐经济舱，而且不会有人接机。（《中国经营报》）

不仅如此，宜家还试图将快乐的文化传递给每一位顾客，倡导"娱乐购物"的家居文化。他们认为，"宜家是一个充满娱乐氛围的商店，我们不希望来这里的人失望。"

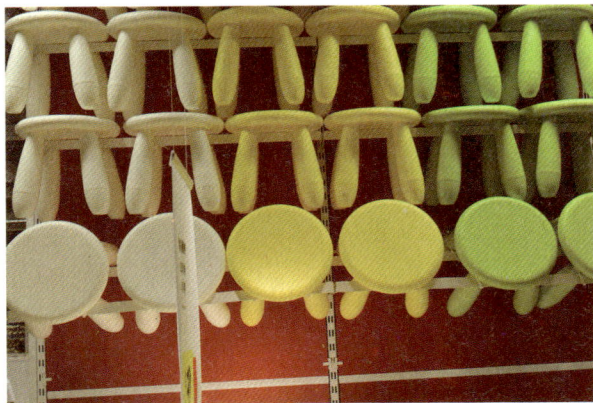

宜家儿童坐椅

# "她们需要存在感、成就感"

**相比宜家这个成立71年的"老"公司，维意定制11年的历程显得青春逼人。维意一直以来以广东佛山为基地，向全国辐射，近几年正处于高速发展时期，员工在这样的公司中虽然有很多的压力，但那种发自内心的快乐是显而易见的。**

他们有自己独创的管理创新——竞赛，这也是连李连柱自己都觉得骄傲的一点。维意建立了一个竞赛机制，让所有人在上面赛跑，而竞赛的内容就是"开门七件事"，它已经成为维意执行力文化非常独特的组成部分。

据说源于李连柱偶然看到的一篇文章，台湾一家企业每个月对所做的工作进行质询，当时他脑中就蹦出了"开门七件事"管理方法。这一方法2005年起在维意定制推行。

"开门七件事"把每个人的职能工作活化了。七件事分两部分，前五件是每个人的绩效管理，后两件则跟文化、培训和学习相关。后来维意从开门七件事，发展到月七件事、周七件事、日七件事……管理越来越细密。后来，维意不但要求抓计划，还要抓制度，又推出了"三会两志"：三会指的是晨会、周会、月会，两志则是指周志和日志。开会的目的是为了落实检查七件事，周志和日志用来记录成果、问题和解决方法。他们还每个月举行质询会，就计划和个人记录的内容进行质询，狠抓结果。

为了使这些管理制度执行起来更为有趣、刺激，维意还建立了内部的竞赛规则。刚开始，竞赛仅是以业绩为主，每个月底都会有销售方面的排名。后来，业绩被分解成很多部分，每个部分的数字也进入PK行列，"3124"就这样确定了下来。

欧阳熙经常在新员工入职的时候分享这一文化，并给他们解释竞赛与竞争的区别，他说，竞争就是打拳击，非要打倒一个你才赢；竞赛是跑步，我们大家一起跑，谁先到终点，谁就是冠军。即使最后我可能没有拿到冠军，但是我的成绩也会比过去有提高，最后大家共同进步。当然，最后我也可能超过你。这才是最关键的一点。

一位员工这样说他们的竞赛："我个人感觉竞赛最重要的不是拿奖的那一刻，而是在过程中付出的那些东西。正如去看球赛，你看的并不是最后的结果，而是实时播报，是不断地告诉你现在在什么位置，前面有什么人，要不要再努力一点，后面有谁在追赶你。最爽的是比赛中享受的过程。结果出来了，输赢已经不重要了，重要的是在输赢没有揭晓之前那种不放弃、不抛弃、努力前行的态度。这才是竞赛的精髓。"教育中心院长刘波对此颇为认同："PK文化的核心是追赶的过程，是超越、突破现状。"

330拓展部经理梁伟杰说："竞赛似乎变成了一个更高更快更强的奥林匹克盛会，很多微妙的东西，比如对自己潜力的震惊、团队协作能力的形成、自我突破的喜极而泣……还有同事间的友谊。大家真的成了一家人。"

PK似乎会上瘾

3124是一种极致的服务精神

**维意有几千名设计师，他们是公司的销售主力。为了让他们的工作更加有趣好玩，2014年8月28日，维意专门上线了"设计岛"。这是维意设计师们交流、竞赛乃至玩耍的空间。**

在简洁、时尚的设计界面里，设计师们可以通过手机或PC端（个人电脑）随时登录，查看自己和团队的业绩，知道前端人员有多少次沟通（查看"沟通宝"）、获得了多少个量尺（查看"量尺宝"）、进行了多少次方案设计（查看"方案宝"）；同时可以看后端的家具做好后有没有安装好，并对自己拥有的战绩（积分）一目了然——当然积分可以用来兑换包括PAD在内的各种奖品。

在设计岛中，甚至可以选择优秀者展开擂台赛，也就是说可以随时进行业绩PK。里面很多精心设计的语句如"哼尼，喝杯下午茶，精神精神！"如果你的积分暂时落后，里面会显示"落后1000分，失败乃成功的妈咪，一切皆有可能，+U（加油）！"

PC端界面

维意定制设计岛PC端首页

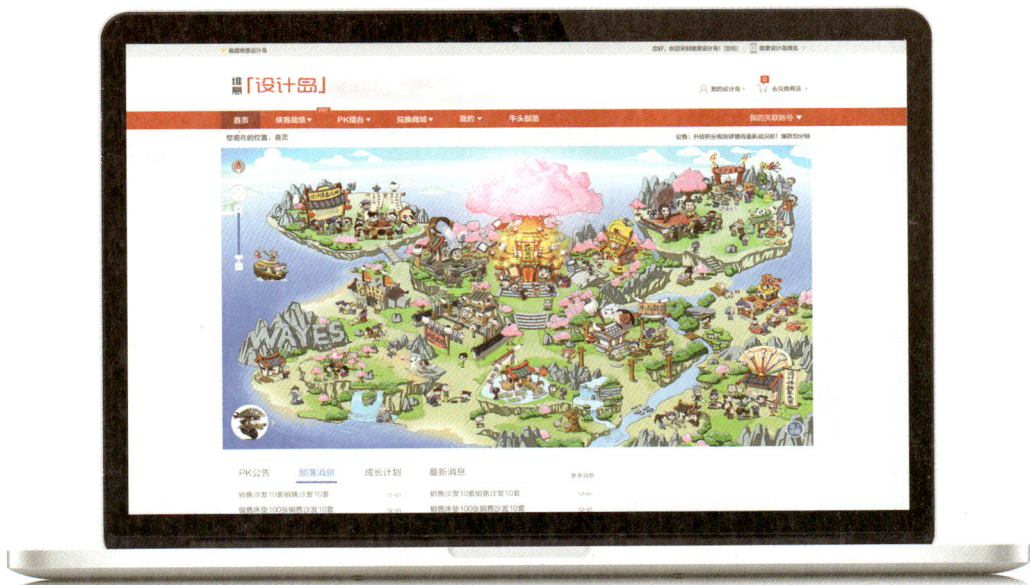

图左至右分别是：我的积分、设计师名人榜、我的战场、PK观战平台、礼品兑换、成长记录

手机APP界面

设计岛APP

设计岛APP战绩页

这样系统的设计非常好玩，设计师们会被自动评为各个段级（像围棋级别一样），段位高的佼佼者被封为"设计英雄"。这已不单单是物质刺激、工作比拼，更是关乎个人和团队荣誉的竞赛了。维意设计岛推出后深受设计师们的欢迎。

**后来，为了增强设计岛的游戏性、趣味性，维意定制又在此基础上耗时一个月设计推出了以Q版卡通融入中国武侠风风格的设计岛漫画，展示了22组设计岛"现在"及"未来"的立体建筑大场景，并且设计了近200名样貌和行为各不相同的设计师人物，加上全国各地有趣的方言段子。**

这些更吸引了年轻设计师们的参与。每个设计师都可以找到属于自己的角色，尽情地在游戏中享受工作的乐趣。可以说，这里已经成为维意设计师 "生活"和工作的双重空间。

有人的地方就有江湖

# 模式篇

模式是如何炼成的？

好设计　就是有责任的设计

维意定制设计文化海报

2012年2月，国内战略学学者、阿里巴巴总参谋长曾鸣在中文版的《哈佛商业评论》发表了他的独创性的研究发现《C2B：互联网时代的新商业模式》，文中鲜明地指出，未来，工业经济时代的B2C模式将逐渐被信息时代以消费者为中心的C2B模式所取代。C2B的特征是：个性化营销、新渠道、柔性化生产和社会化协作的供应链。

过去的30年我们企业都是用崇拜的目光望着跨国巨头们——他们是媒体、政府和社会的宠儿，管理思想的范本，但现在的中国不但鉴赏力有了很大提高，在构建创新型企业方面正在成为西方日益刮目相看的国度。

越来越多的企业正从中国制造迈向"中国创造"，越来越多的企业正秉持中国人的价值观走出一条不但是在国内，而且是在国外都具有启迪意义和示范价值的道路。

相比之下，71岁的宜家迄今仍然在全球保持着强大的活力，到处攻城略地，并且在面对互联网浪潮的冲击下依旧保持着自己鲜明的特色与原则。这背后一定在模式上有其独特的秘密。

两者在模式上有什么异同？这些是很多家居人士普遍关心的焦点话题。**在后端，宜家模式行销全球的真正秘密是其全球的强大供应链，而维意人迄今傲视同侪的资本则来自其令同行望尘莫及的大规模个性化定制生产基地；在前端，宜家崇尚控制，因此建立起一整套基于自营商场的连锁经营体系，维意则属意社会资源整合，大力依托各地商家实现共赢取得了快速发展；在根本的模式上，宜家还属于传统工业时代的B2C，而维意已经成为互联网信息化时代C2B模式的样本。**

# 宜家的全球供应链

宜家的商品行销全球，采购也是遍布全球，如此跨度的地理空间管理起来已经不易，而宜家还要求自己的商品品优价低，这更是难上加难。因此，这个强大的设计、采购和物流网络应该是宜家成功的核心秘密。

据《科技日报》报道，"截至2013年，宜家集团在中国采购的产品已经占到其全球采购量的23%，中国已成为宜家最大的产品采购国。"2014年10月《东方早报》更报道指出："未来6年，他们计划将这一比重增加一倍。"可见，中国作为制造业的大国对宜家全球战略的重要性。

2011年，吉林大学珠海学院麦秋燕、闫光华两人的论文《宜家中国采购战略分析》指出，自1997年进入中国市场以来，宜家在中国的销售一直处于亏损的状态。这一状况一直持续到2005年才得以改变，他们分析其原因之一是宜家在中国采购的比例大幅度上升。他们提供的数字是，这一年，宜家（中国）销售的产品60%采购于中国。

我们来看看宜家物流中心是如何高效运转的。四川大学经济学院吴雪梅和王思朦的一篇研究文章《从宜家的物流系统中看宜家如何降低成本》揭示了宜家物流的运作：

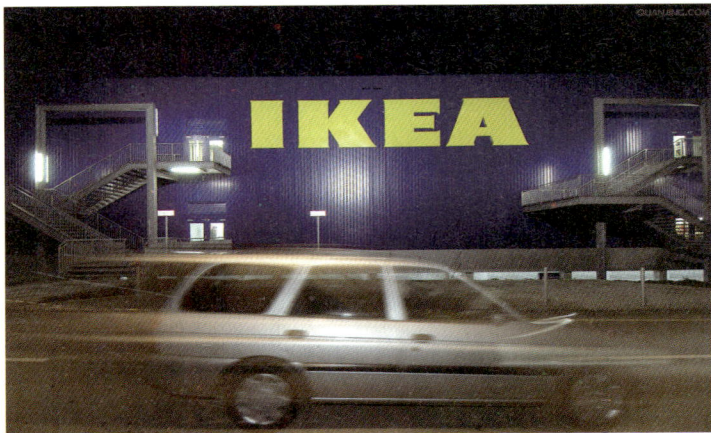

宜家物流配送中心

"目前宜家在瑞典总部的3个物流配送中心通过铁路线相互连接。2000年建成的物流中心——DC008，它的库容约为8万平方米。其中5万平方米采用的是全自动化的仓库（AS/RS），其余3万平方米是普通货架仓库。"

这篇文章介绍，宜家的配送中心按功能分为两个部分，一部分是DC（分拨物流配送中心），主要负责对销售网点的货物配送；另外一部分是CDC（中央物流配送中心），是配合网上销售，直接面向顾客提供送货上门服务的配送中心，通过地下的隧道和DC连接在一起。

宜家对物流中心的考核的核心是商品周转率。以此为基准，宜家会在仓库存储和现场管理上进行精心设计，使其更为合理，减少浪费，提高速度。

宜家在全球有几十个类似DC008这样的物流中心，每一个物流中心都需要投资上百亿瑞典克朗。一方面如此投入，一方面要不断降低成本，如何解决这个矛盾？宜家采取的策略一方面是慎重布局，另一方面是在信息化基础上加强流程设计，不断提高效率。

宜家对物流配送服务中心的要求是：保证相关区域内的供货；适应宜家未来的发展需要；高效率和低成本。

在配送作业上，宜家也有自己的严密控制：当天卖出的商品，计划部门次日必须安排供货，五天之内新商品必须上架。这一要求必须在全球通用，可见宜家的货物流转速度何其迅速。

**显然，这个家居巨头在全球之所以能够攻城略地，不断扩张，其秘密无疑跟其后台目标性极强的高效供应链管理有关。**

模式篇

# 维意的超硬"后台"

宜家的低价秘密在于其全球的供应链，而维意定制却有能力一下将高高在上的定制变得平民化起来——号称"不奢侈，不廉价"。它的秘密是什么？答案在其独特的工厂里。

**在很多人看来，生产已经变成了一种可有可无的能力，很多跨国公司外包还是首先拿生产开刀。但维意却逆向思维，对生产进行不断地信息化改造，竟然使工厂成为其模式的核心能力之一。**

一开始，李连柱他们也想走轻资产的运作道路，做的只是软件研发和销售，不愿涉及繁琐而缺乏技术含量的生产环节。试验的结果却是，这种轻资产模式虽然没有库存上的烦恼，但成本非常高，而且质量参差不齐、交货周期无法保证。

后来，维意定制经过商议，横下一条心：创办真正属于自己的家具制造加工厂。

不按常理出牌的李连柱并没有从国内家具厂家挖有经验的工厂管理人才，而是出人意料地派出软件公司的另一个经理黎干担任厂长，同时派出一支信息化小组驻厂办公，协助办厂事宜。

**他们建厂的思维也是工程师式的：**

将顾客的订单集中到总部后端软件系统，系统把客户定制的每一件家具设计拆分成不同规格的零部件（虚拟进行），这些零部件会分别分配唯一的条形码。被分解的零部件进而变成生产指令信息传递给工厂；工厂里每一台机器都配装了一台电脑，电脑在读取条形码信息后，会对机器发出操作指令。

工厂指挥机器加工出各个零部件，然后自动把条形码贴在板件和零部件上，客户所需家具的每个部件生产完成之后，就会被分类封装，然后通过物流公司发往客户所在地的加盟商，相关的组装程序也通过维意的内部系统发给加盟商。

加盟商收到货后，就派人把全套部件送到客户家里，并在客户家里进行安装。由于之前部件在工厂已经有完整的编号，安装人员只需要按照"组装程序"一步步来，就能很快把完整的家具呈现出来。

他们将这种模式称为"横着来"。

对生产的信息化改造维意定制是一步步进行的，没有追求一蹴而就，也没有追求一举实现全自动和现代化。早期的工厂甚至人工占有很大的比例，但随着订单的快速增加，对生产工厂的改造继续进行。

为此，他们开发了一系列软件，比如为加工中心安装CAD/CAM接口软件，令设计图能转换为指导机器生产的工业化制造图纸；为加工设备加装电子看板，大大压缩了找图、读图的准备时间以及为电子开料锯加装制造执行软件，方便实现快速、准确的裁切加工等。

在工厂，董事兼技术总监周叔毅负责信息化流程改造，黎干协调执行。一帮IT精英凭着一股热血和不断总结，进行工厂的信息化升级。2010年以来他们进行的信息化流程改造就有好几次，改完流水线，就改车间布局，接着改造大批次生产。

**就这样，维意定制不但实现了生产信息化的完全改造，而且建成了独一无二的"大规模家具设计定制生产系统"，生产效率大大提高，流程得到了极大的简化。**

生产端的创新更是令人耳目一新。维意销售的不只是单个产品，而是近乎于魔方组合的空间解决方案，这对生产柔性化提出了很高的要求。最初，当工厂的日加工量达到30单时，生产体系就会出现混乱。而如果要引入国外全自动的板式家具柔性生产线，则花费高昂。

维意定制圆方软件公司的背景，在这个过程中发挥了关键作用。在圆方软件信息化小组的支持下，仅在软硬件上投入数百万元，维意定制就大大提升了柔性化生产的能力。比如为电子开料锯加装"制造执行软件"，以实现快速、准确的裁切加工；为加工中心安装CAD/CAM接口软件，设计师为消费者提供的设计图，同时也转换为指导机器生产的工业化制造图纸；为加工设备加装电子看板，则大大压缩了找图、读图的准备时间。

通过一系列的信息技术改造，个性化全屋板式家具组合，在车间变成了一块块贴有准确条码编号的板件。表面上，这个工厂平淡无奇，和其他一些家具企业的工厂并无不同，但实际上它是支撑起维意个性化定制模式的关键，里面蕴含了许多前沿的制造理念，比如虚拟制造、零库存和全流程数字化。

**现在维意的佛山工厂成了中国家具业的魔幻"梦工厂"，成为维意定制的超硬"后台"，名气越来越大，许多专家学者和企业家慕名来参观学习。**

是什么吸引了人们？答案在一群专家的考察后揭晓：自中、英、美等国及香港地区的专家学者来到维意，这些专家中有中国工程院王众托院士、香港中文大

前国家总理温家宝接见维意定制董事付建平

全国人大常委委员长张德江视察维意定制

学赵先德教授以及英国专家、美国学者，他们都是从事信息系统或供应链管理的研究专家。在对维意信息化生产流程，多品种、大批量混合排产技术及生产与设计系统对接技术了解后，专家们纷纷表示此行不虚，并认为这种生产模式已属全球顶尖水平！

其中，赵先德教授是香港中文大学供应链管理研究中心主任，他对维意工厂混合排产方式以及零库存的成果惊讶不已。

**过去，人们一直以为，个性化的需求必然产生的是多品种小批量的柔性制造，而维意走出了另外一条看似不可能的路：大规模定制生产。这一生产模式的出现，对工业经济时代"大生产+大零售+大品牌+大物流"体系的模式是一场革命，因为它代表了个性化营销、网络零售平台、柔性化生产以及社会化供应链等要素的新经济特征。**

统计显示，现在的维意定制单日产能不仅比过去提高了十几倍，材料利用率也从过去的85%提升至93%以上，而且出错率从一度的30%下降到现在的3%以下，交货周期从30天缩短为现在的10天，年资金周转率相比传统同行的2—3次提升到10次左右。

这种效率的提升、材料和时间的节约意味着维意定制家具的生产成本大大降低！现在，维意定制可以自豪地宣称："我们生产100个不同的柜子和生产100个相同的柜子成本没有区别，甚至更低。"

中央政治局委员、国务院副总理汪洋视察维意定制

甚至，这个生产系统可以响应一些特殊的订单需求，比如订单夹塞（原本需要10天的订单可以提前至几天内完成）——别小看这种能力，它可以从一个侧面看出维意的生产线"柔性"到了什么程度。

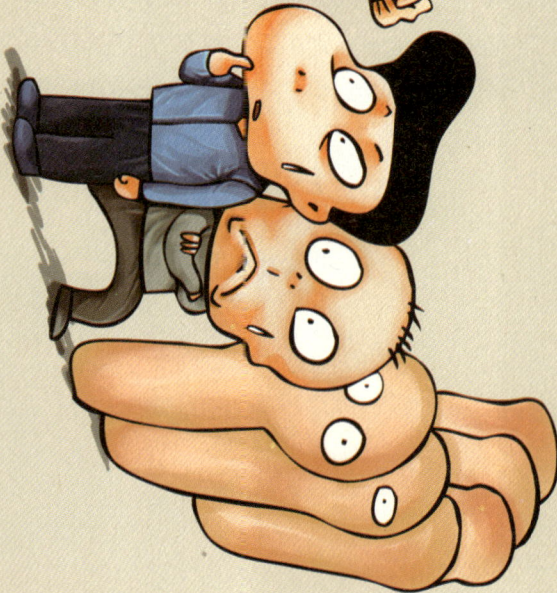

# 谨守边界，让加盟商发展起来

宜家和维意相同的一点是，两者都采取了连锁的方式发展店铺，宜家完全是传统的大型家居卖场，而维意则属于小型数码店铺——尽管它现在进入了Shopping Mall，但也仅仅在三五百平方米，与宜家动辄上万平方米的商场相比，还是小巫见大巫。

两者都采取了自营+加盟的方式。但宜家一直以来都强调自营，宜家的350家全球零售商场中，自营的商场占大部分，但都是在与欧洲类似的消费市场，而在与欧洲消费差异较大的其他市场采取了特许加盟方式。宜家的策略是明智的。但奇怪的是，宜家在不熟悉也是最为复杂的中国市场选择了自营。维意定制除了在佛山本地市场开设自己的零售直营店外，其他地区则实行加盟。

一开始维意选择的是加盟方式，2011年开创Shopping Mall自营模式后，依然坚持加盟商政策，倡导加盟商开大店。从2012年下半年开始，陆陆续续有人选择当地的Shopping Mall，尝到甜头后，再增加数量。目前维意的300多家连锁店中共有差不多20家加盟商在当地推广了这一做法。

在2013年维意定制全国营销峰会上，欧阳熙向所有的核心经销商发出建议："**进驻当地最好的Shopping Mall，抢占先机。**"

在连锁加盟业界，一个几乎共同的问题是，除非你的品牌特别强势，否则加盟商作为独立的经营实体往往不太愿意服从厂家的管控或者在执行能力上存在很大的问题，直接造成企业的思路、政策和成功方法无法在加盟商的店面里得到有效复制。这也是包括苏宁、红星美凯龙等在内的连锁企业更多偏向于发展自营商场的原因。毕竟指挥别人的腿脚向来没有指挥自己的高效、协同。

广州家具博览会维意定制展区

加盟商签约区

**维意定制采取的是一种叫"准直营"的加盟体系，就是针对上述问题进行的管理创新。这是因为在早期的时候维意发现即便招到200家加盟商，但如果管理、服务跟不上，业绩也很难持续向好。所以，维意定制把自身独有的"传帮带"的文化同样传递到加盟商。**

2011年，维意推出一个重大的创举，新的加盟商在当地开设专卖店，维意都会在头三个月派"330"团队直接驻店，帮助经销商进行两到三个月的经营，以便让加盟商真正按照直营的模式进行运作，尝到直营模式带来的甜头。这相当于不但授予品牌、培训、模式，还派出维意特种部队带领新的加盟商团队实现有效运作，维意也真是服务到"家"了。但欧阳熙的观点是："经销商赚钱了，说明有客户，有了客户维意才真正发展起来。"

"我们找加盟商，借助的除了他们的资金以外，还有当地的一些地缘优势。钱不能一个人赚完。现在的社会是大家一起分享市场，共同赚取利润，包括我们的上下游、供应商、加盟商这些，都需要整体供应，大家共同去降低成本，减少消费者的支出，但是每个人都必须实现各自的利益。这是必须的。"欧阳熙说。

2009年8月，获达晨创投7000万元投资的维意定制依然将加盟作为连锁发展的主要形式。对此，欧阳熙的观点是："厂商合作才是资源整合、效益最大的经营方式，我们要谨守自己的边界，让加盟商发展起来，成为我们未来坚强的合作伙伴。"

有意思的是，宜家在自己熟悉的欧美国家采取的是直营，维意在自己熟悉的母国采取的是加盟模式。看来，即便是在同一市场，不同企业也会走出不同的道路。

更值得玩味的是，坚持低价路线的宜家家居不但自营，甚至把大量的资金用于买地自建商场上，有媒体甚至戏称：宜家已经成为中国最大的外资"地主"之一。

数据显示，2012年中国城市商业物业租赁成本上升了约20%（数据来源：中国连锁经营协会），而且上涨势头不减。也许宜家家居自己都没有想到——策略给它带来了丰厚的回报。

据《经济观察报》2013年7月报道，2009年，英特宜家购物中心以7.9亿元人民币拍得占地面积约17.2万平方米的"北京大兴西红门商业综合区二期"土地，总投资50亿元建设购物中心。一年之后，"北京大兴西红门商业综合区"三期、四期用地的售出价格却高达24.35亿元。这意味着英特宜家购物中心当初购入的那块土地的价格已经上涨80%。

这可能是宜家高投入下的直营战略的"意外"回报！

# C2B必胜B2C? 破除模式成败论

B2C和C2B这两个概念是基于近十多年来电子商务的发展而提出的概念。前者提出较早，和C2C一样风靡一时，后者近两年才开始受到关注和讨论。

**在经营管理上，很多人并不把两者当作纯粹的电子商务概念，而将之视为两种经营思维。前者更多的是企业占据主导地位，而消费者更多只是接受或否决企业的决定；后者消费者则可以提出直接的需求，企业可以完全按照这些要求予以满足。简言之，B2C时代企业说了算，C2B时代则是消费者说了算。**

C2B模式国内最早是阿里巴巴集团总参谋长教授曾鸣提出来的。他认为："B2C只是一个过渡性的商业模式，未来电子商务真正模式在于C2B。"

曾鸣同时也是长江商学院的战略学教授，对于战略创新、战略转型、电子商务等方面有着深入研究。在他看来，B2C标准模式是传统工业经济时代的运作模式：大规模、流水线、标准化、低成本是其商业模式的特点，但存货是这一模式绕不过去的一个致命点。

随着互联网的发展，消费者的声音越来越强，让企业无法忽视甚至必须听从。专家们预言，未来价值链第一推动力来自消费者，而不是厂家。因此，以定制为代表的C2B将是未来的商业模式的主流，它的要求是个性化、多品种、小批量、快速反应、平台化协作。

2012年2月，曾鸣在中文版的《哈佛商业评论》杂志上发表了他的独创性的研究发现《C2B：互联网时代的新商业模式》，文中鲜明地指出，未来，工业经济时代的B2C模式将逐渐被信息时代以消费者为中心的C2B模式取代。**C2B的特征是：个性化营销、新渠道、柔性化生产和社会化协作的供应链。**

文中曾鸣教授将李连柱所创业的定制家具企业视为C2B的样本，大加赞誉。之前，他就曾专程参观过，同时邀请李连柱在阿里巴巴的"全球网商大会·新商业文明论坛"上演讲，之后又带着阿里巴巴的人员数次进行专题考察。

如果照着曾教授的观点，维意定制就是C2B模式的代表。

如今的宜家在全球越战越勇，在中国如日中天，根本没有要被取代的迹象，甚至它连电子商务都没有认真开展，只是把互联网当作一个引流的工具。是因为旧势力并不甘愿退出历史舞台，还是新时代还未完全到来，革命者尚未成功？

简单就模式得出企业成败的结论显然太过草率。事实上，维意定制虽然被赞赏，但它在对互联网的利用上还只是刚刚开始，这一点倒和宜家差不多。也就是说，尽管维意也有利用网络（移动互联网）展开电子商务的计划，但过去的成长并没有真正扎根于互联网经济。

而且，虽然存在柯达几乎一夜间盛极而衰的案例以及一个苹果打败两部手机（摩托、诺基亚）的传奇，但这些案例似乎均与互联网所引发的革命无关，更像是技术、产品所引发的产业变革。

宜家虽然是B2C企业，由于大量生产外包，内部各商场的评估与订货机制，让工

不一定要打败

大家可以共赢

这不是一个赢家通吃的时代

业经济时代的企业明显具有了客户导向的特征，生产也具有了柔性化控制的特点；它的产品是偏重设计的，也吻合了个性化消费的潮流；在供应链的社会化协作上，宜家显然做得相当精致高效；至于新渠道——宜家的全球商场每年吸引了几十亿的人流，成为人们的休闲体验中心，这难道不是一个全新的渠道？

像曾鸣教授讲的，互联网企业会诞生出巨型的渠道商商家，在社会零售的比例会逐渐提高，但毕竟互网联网只是人们购物的一个渠道而已。

尽管宜家是B2C销售的杰出代表，但宜家在聆听消费者的声音，预测和响应消费者需求方面建立了相当完整的体系，因此给消费者的感觉并不差。比如宜家曾是个性化消费的最早推动者之一。其发明的组合式家具也推动了始于20世纪六七十年代的DIY潮流。只不过，在西方这种行为成为一项运动，形容那些自己动手进行装修、修理房屋、制作物品的行为，它代表了一种参与、乐享生活的消费理念。这也是宜家重视客户、以消费者为中心的一个例证。

宜家用几十个设计师设计的几千、上万种商品让消费者现场体验、充分选择；维意则在几十万的设计模板中让消费者自主选择、2000多个设计师中的一个辅助你任意改进，让你进行虚拟与现实版的体验。你能说谁更符合消费者的需求与个性？宜家有许多产品有时的确让你爱不释手——消费者其实并不真的了解自己的需求，我们则可以洞察并予以满足；而维意的确让你感受到那份专属与尊重？

两家企业的模式孰优孰劣？可能首先破除的是模式成败论迷信，正如李连柱所言："商业模式的实质就是获取客户以及黏住客户，客户满意了自然会埋单，这个商业模式也就成功了。"

而当问及维意总经理欧阳熙何时打败宜家，他会坚定地看着你，说："**为什么一定要打败？难道我们两家不能共赢吗？这不是一个赢家通吃的时代！**"

宜家餐桌产品

从"双十一"购物节传来的数据上看，消费者又一次用大把大把的钞票，给了天猫、京东等电商最热烈的"掌声"。由此反观，电商产生的"杀伤力"，正在不间断地冲击着传统的商业体系，以至于沃尔玛、百思买、苏宁、国美等一大批传统零售企业也就地起兵，竭力拥抱这一趋势，但宜家却好像"我自闲庭信步"。宜家新一任首席执行官在今年早些时候就表示：虽然看到了电子商务的快速发展，但公司仍将战略重心放在新店扩展，而不是电子商务。过去10年，在电子商务疯狂发展的同时，宜家实体店的数量也实现了翻倍增加，伴随着线下店的扩张，宜家的销售额也同步实现着翻倍增长。

面对互联网和电子商务的冲击，传统零售企业的内心是恐惧的，宜家何以置身电商浪潮之外？这与其经营品类的特殊性有莫大的博客，微博的关系。从品类特性的角度出发，家居电商面临着两大难题。首当其冲的是购物体验，与3C、图书以及服装鞋帽等标准品或者相对标准品相比，宜家家居显然更注重现场体验，一件产品除了自身的外观、材质等要素满足消费者的需求外，还要与家里的其他物品能有机搭配，很多时候，消费者需要去看一看、摸一摸、感受一下，才能放心购买。

从全球范围来看，家居电商目前业都没有成为主流，线上的渗透率并不高。在定价上不放弃在每一个环节削减成本的机会，保证了宜家产品的价格竞争力。包括居然之家、红星卖场，曾在"双十一"前却并不在此之列。这背后反映的是一种生存状况。从本质上来说，居然之营模式，就是"商业地产"。引大量商家入驻，以租金种商业模式实质上是冲以有了上面的抵制事商品自采自销，依靠销售看，自营是一种更为主流的了更为重要的位置，并且，依效率提升和成本节约。自营也自己手中，在面对电商或者向从容，所以，红星美凯龙争不成功。电商是一场"去动，而宜家并不是核心竞争力的零售品牌，在电子商务时代，强势品牌依然具有强大的号召力。对宜家而言，与天猫、京东等电商平台，更多的是合作关系，而非直接竞争。家居是与生活息息相关的一个行业，围绕这一主题化吸的形商多是说、家难以持久题，还会不过，日益在今后相当将线下作为战为，电商和马正在大力推息透露，其确认今为止宜家在可风电场有望于能源供电目标方宜家在美国90%装机容量达到38在科罗拉多州森279台风力涡轮达到19亿美元。道，"宜家是全球根据企业自身的发展略，并积极实施，对企挥了积极的影响。"

而这种业链商业模式，保证了宜家产品的价国内外19家居夕联手抵制天猫促销，一时间炒得纷纷扬扬。而宜家鲁和平台两种商业模式在面对电子商务冲击时的不家、红星美凯龙等家居卖场，和天猫是类似的经本身并不从事生产和销售，而是通过招商或者佣金作为主要的盈利模式。因此这两突的，而电子商务对前者的冲击非常大，所件。宜家则采取了完全自营的商业模式，的差价来获取收益。从发达国家的情况来商业模式，因为这种模式把用户需求摆在靠规模化的销售，带动整体零售供应链的使得商家将供应链的核心环节控制在电商转型时，它比单纯的卖场更卖场在尝试电商时，并果道费化"的运一个单纯的渠道，更是一个具有

宜家生产了大量具有特色的内容，利用社会媒体的快速传播效应，不仅将很多的消费者引到网站或者实体店转化为了交易。更重要是：通过挖掘产品亮点，打造了独特的品牌象，占领了消费者的心智。确实，宜家的所居是一种非常态的消费，购物的周期较留客，因此开展电商业务，除了这一品类加给企业的营销成本，目前也难以下加大兴起的移动互联网，可以使宜家随时随地长一段时间里，宜家对电商可能都会延略的重心。有人说宜家的策略应该是与O2O本质上并不冲突，应该给消费者多样化的经上交易，提供（Site to Store）的服收购Apex清洁能源位于美国德州的165兆瓦再生能源领域中最大一笔单项投资。据2015年底投入运营。此举也表明，宜家在面又迈进了一大步。宜家美国官网上透的店面、仓库以及其他建筑安装了165,000兆瓦；在美国收购的两个风电场共拥有风特尼尔店和堪萨斯州梅里安姆店还安装了统。另外，宜家已经确认在全球9个国家吧。截止2015年底，宜家在风电和太非营利机构组织气候集团首席执应对气候变化方面成绩最显著设定了可行的可再生能源发业运营和能源市场都发您听说过"宜家黑吗？这是一群独特的宜家家具爱好者，他们从来成

消电家来长，用户的天然难投入的决心，与消费者连接。续这一谨慎风格，O2O，，宜家则认的选择，例如沃尔务。据宜家官网信风电场，这也是恐悉，这座Cameron实现企业可再生露，截止目前，组太阳能电池，力涡轮机104台；配有地热能系统收购和运营共计阳能发电领域投资累计行官Mark Kenber评论的企业之一。它亚展战

上，宜家始终"点到点"的全产力。包括居然之家、红星

# 文化篇

## 快乐工作有没有秘密？

坎普拉德明白，再完美的系统也需要柔性的情感联系。他认为，领导力中最重要的是"爱"。

维意定制高层认为，公司真正的核心竞争力是这个年轻的、有爱的集体，他们像一家人一样，分享互助，努力工作，追求共赢；他们激情无畏，快乐工作，享受生活。

领导力中最重要的是爱

# "团队主义情结"

宜家的人才理念简单而明确："为那些脚踏实地、诚实正直的人们提供发展机会，不仅是职业的发展，还有个人能力的发展。由此，我们将矢志不渝地共同创造更美好的日常生活，为我们的顾客，也为我们自己。"（《宜家员工手册》）

宜家的每一个员工都是独立的个体，他们都能参与决策的讨论。每个人的想法都被认为是有价值的，但所有被赋予的自由也是和公司对员工的期望相对应的，因为在宜家的文化里，自由与责任并存。

宜家将这种文化称为"家文化"。在这种氛围中，企业的领导者就如一家之长，家长的个人风格会深深地影响着企业的文化根基，并会影响到员工个人。

《宜家之父》说：在坎普拉德眼里，宜家的家文化包括两层含义：**一、他把公司看成一个家庭，自己则是这个家的家长；二、宜家的经营理念是为大多数人生产他们买得起又实用美观廉价的家居用品，他也希望每位宜家的员工能够像对待自己的家一样对待公司。**

在《一个家具商的誓约》中，坎普拉德为宜家列示出九大训条，其中最核心的就是这一理念。这种文化扎根于勤奋、互助、节约和道德。宜家在招聘员工时，

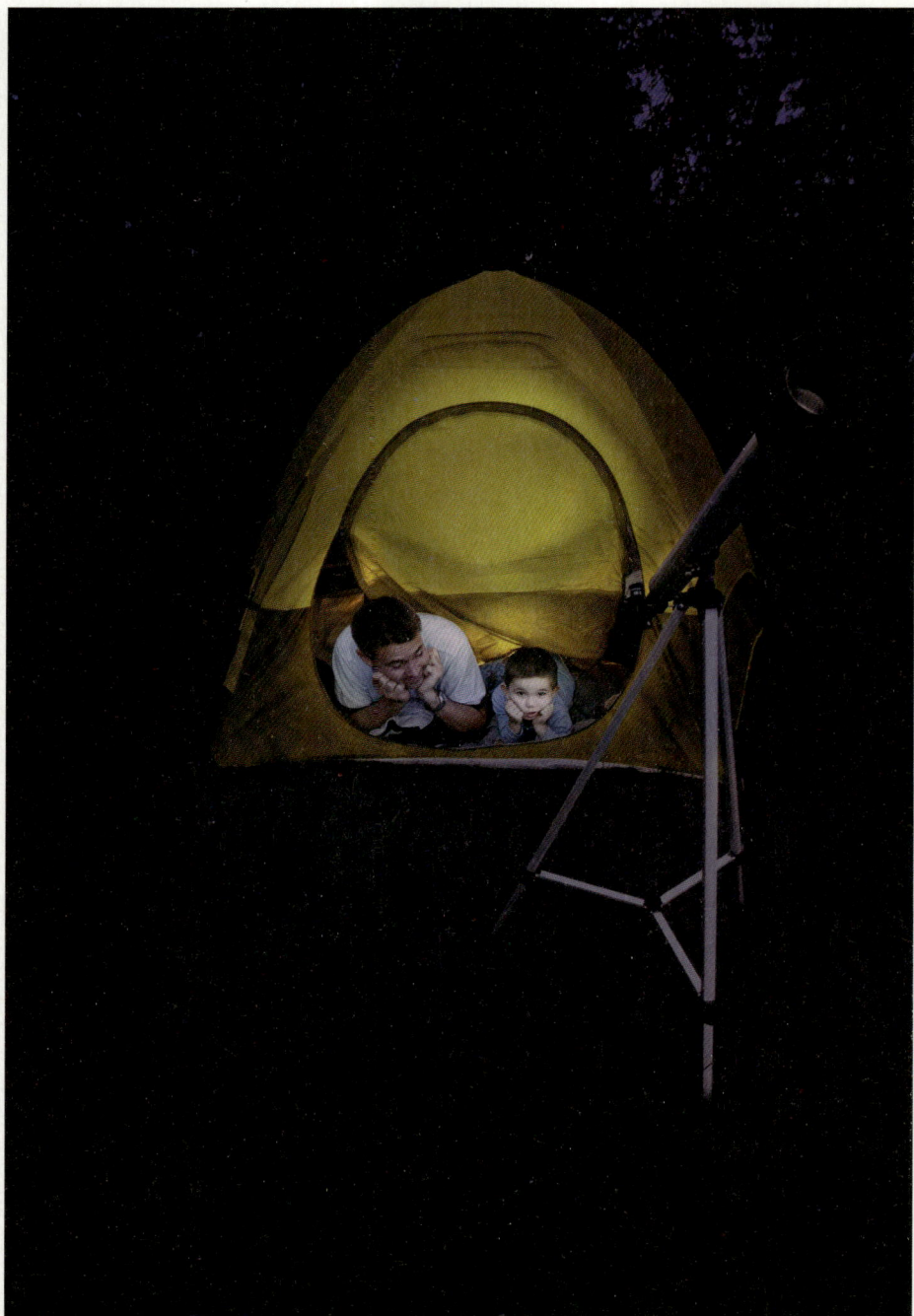

更看重员工的价值观和信仰，并不只是技术和经验。

青年时期的坎普拉德有着根深蒂固的"团队主义情结"。这种情结促使他在创业的过程中，把工作当作生活的全部，也视员工为亲密的家人。他把所有的员工都视为自己的孩子，除了关注消费者之外，对他们也是照顾有加。

他一再表示："宜家公司必须尽可能地帮助这些'孩子'，虽然世界各地的文化有着很大的区别，但这些孩子总是能最早接受团队工作意识。最为重要和无法忽视的一点就是，宜家公司这个大家庭需要这些'孩子'的帮助。只有得到他们的帮助，宜家才能够快速发展、茁壮成长。"（《世界首富——坎普拉德》）

有媒体分析，坎普拉德是多重性格的集合体，倔强、固执、吝啬、古怪而又不乏温柔、谦逊且慈爱。他为宜家公司设计了一个非常完善的控制系统，同时，他还明白再完美的系统也需要柔性的情感联系。他认为，**领导力中最重要的是"爱"**。

# 每个员工都感到"被需要"

**维意定制倡导的也是"家文化"。那么，它的"家文化"是指什么呢？**

**在维意定制，家文化就是同事间的相互体贴、关怀，家文化就是员工与管理者的平等、零距离。**

在维意定制，创造惊喜既是针对客户的，也是内部文化的一部分。"具体说就是每一个人的生日我们都会准备小惊喜。员工经常会忘记生日，而我们办公室的一个职能就是为员工庆祝生日。"企业文化专员文隆凤说。

在一次公司的战略会议上，他们为一位同事准备了生日惊喜。"那天，连他自己也忘记了，我们拿着蛋糕和鲜花出来时，他还不知道什么事情呢！"文隆凤每次提起生日会的情形都十分兴奋。

惊喜还不止于此。2014年年初，客服部经理陈嫦嫔休完产假回到公司。那天早上，总经理欧阳熙拿着一束鲜花，早早就守候在陈嫦嫔的座位上，他代表公司为陈嫦嫔举行一个简单的欢迎仪式。在陈嫦嫔休产假期间，欧阳熙也多次去探望她，并在电话里叮嘱她在家休养，养好了才"允许"回来。这样的故事几乎每天都在发生。

创造惊喜是一种服务

也是一种企业文化

"在维意团队，功利化的念头不多。当问题发生，大家都会主动去解决，这就是维意定制的文化。"文隆凤说。

这种对员工的关注、关心已成为每个管理者的习惯。

李连柱不但在工作与生活上关心下属，更打心眼里希望跟随他的同事们能有更好的发展空间与舞台，当初创办维意、网站正是基于这些考虑，他形容为"为员工挖洞"，他觉得有义务为每一个同事寻找空间，包容他们的梦想。

后来，在他的推动下，维意又启动了"成长树"活动，它的别名是"员工成长发展计划"，即每位员工年初在树形图上对自己的全年目标进行规划，清晰地列出要实现的工作、财富、生活、学习、人际关系、健康等目标，同时，把自己的关键行动分解到附属的表格中。这些梦想可以是工作的，也可以是私人的。

现在，成长树已成为公司中管会和基管会上讨论的内容，想方设法满足员工的梦想已经变成公司的一项重要工作。

公司设置了许多游戏，让员工互帮互助。比如"质询会"环节，绝不是互相批评，而是在相互关爱的前提下，大家群策群力。

在维意定制团队中，分享、学习已经成为每个人的习惯。每个人都有机会从自己或别人的经验中学习，同时都有与上司定期沟通的机会，通过讨论，开放、坦诚地分析自己的工作情况以及发展方面的需求，并请领导给予相应的支持。

欧阳熙经常在内部说，工作必须是快乐的。

市场经理程志宁说，他喜欢维意是因为这里没有职务上的以势压人，领导们都是在努力推动员工成长，"我们不怕他们超越我们，只怕他们没有成长空间……"

维意定制设计岛漫画NPC

文化篇

与顾客
交往时
不要过于卑恭
或热心过头

# 价值观第一

**坎普拉德反对官僚主义，主张信任员工、员工之间信任平等，基于这些理念，坎普拉德一直致力于建立较为扁平化的组织结构，以利于市场快速响应。**宜家的管理结构明显具有去中间层的特征，没有冗长的层级，没有森严的组织架构和复杂的流程，每个商场从总经理到基层的管理员之间只有4个层次。出差时，宜家的经理与普通员工一样搭乘经济舱。

宜家的办公室布置也非常开放，并不强调正式和严谨，穿着上也不要求整齐划一。

坎普拉德曾经认为瑞典人更适合做全球各地商场的店长。数年前他放弃了这一立场，倡导对不同国家的雇员平等对待。宜家还相当注重性别的平衡问题，并着意聘请不同种族和文化背景的员工。

在管理上，坎普拉德倡导开放、自由，授权并鼓励各分店的经理自主决策，相信他们都可以根据情况做出最好的判断，这在其他公司基本上是不可想象的。

在积极推行平等理念的同时，宜家也建议员工关注顾客的思想。坎普拉德相信，越接近顾客的员工越有发言权。他的这个观念与华为的领导人任正非非常一致，任正非说："让一线直接呼唤炮火。"

宜家训练员工们从顾客的角度思考每件事情，它体现在几乎所有的工作环节中。遇到问题，他们首先会假设：如果我是顾客，我会怎么想？希望怎么解决？

全球化和国家之间的差异对宜家的企业文化造成不小的影响。宜家对价值观的统一非常重视，他们对领导层的一个要求是：其言行须反映出宜家的价值观。在此基础上，宜家也倡导他们形成自己的领导特点。

为了将公司文化向全球推广，宜家总部定期向各地派出"宜家大使"，推广宜家的经营哲学和价值观。据说，宜家每年更换20%的员工、新增数千个新岗位，也即每年宜家要接收将近2万名新员工。如何让这些新人有同样的思想和行为方式、具有同样的信念，是一个巨大的挑战，显然宜家找到了自己的方法。

宜家沙发区卖场

文化篇

不打烊的家居态

# 感恩文化比狼文化"更狼"

来自江苏的张女士是个体户，白天和老公一起看店铺，根本没有时间到维意定制的门店看方案。

那天刚好是月末，也就是维意"3124"的傍晚，设计师刘元青好不容易才把区域经理、店长和张女士夫妇约到一起洽谈设计方案。

当晚，一圈人围着电脑讨论到凌晨2点多。因为装修超出了预算，张女士喜欢方案又纠结预算超额，几次快要走出店门口，又折回来，说："我今天真的不好意思跨出这个店门，我要是走了，真的会很不好意思。你们的设计和服务真是很棒。"

最终，张女士夫妇敲定了最后的方案，并现场刷卡5万元，临走时她感慨说："我自己也是做生意的。试问有几个做销售的服务能让客户不买单都觉得不好意思出门？就冲我今天接受的这种服务，就算再贵点我也觉得值了！"

刘元青说："我喜欢公司的文化，所有人你追我赶，不知不觉中就成长了。"

有人将维意形容为"狼一样的团队"，意思是一张口就要见到肉。但市场总监

维意定制设计岛漫画

刘杰不这样认为："很多企业强调狼性文化，它忽略了一个很重要的东西——双赢。"他说："维意这种家文化的精神让我们更加投入，我们不是为别人做，是为自己做。"

对此，林文彬表示同意，他说：**"维意被称为不打烊的专卖店**，工作到（凌晨）四五点，第二天还正常回来工作，为什么大家这么辛苦还很快乐，还在坚持？是因为这个公司真心对我们好，愿意培养我们，给我们机会……"

嘉洲店店长赵晓莉说，她以前待的公司很残酷，推崇狼性管理，一个月没有业绩就被"干掉"；在维意虽然压力也很大，但却很有人情味。

# 模式的真正创造者

**在维意定制，好的习惯正在85后、90后身上形成，这些在许多人眼中的"不靠谱青年"，在维意却成了四有新人（有目标、有激情、有方法、有坚持）。在这里，学习和分享成了一种习惯，因为学习既是为自己也是为别人，而分享既可帮助别人也是提高自己。**

李连柱认为，维意模式的真正创造者是维意的员工，没有他们的辛苦付出与打拼，再好的模式也只能是空话。他说，维意定制的模式不是某一天突然蹦出来的，而是维意团队一天一个脚印走出来的。

据说，许多维意人因为把时间都放在工作上，根本没有时间谈恋爱，而且外部恋爱对象根本理解不了他们工作的疯狂与投入，许多人与公司同事组成了家庭，大家同心协力，以公司为家……这也算是维意家文化的又一体现吧！2013年，在维意十周年营销年会上，公司为每位员工画了一张漫画，并送上印有他们头像的杯子。

维意的"家文化"不只是挂在墙上的语录，也不是制度手册上严谨专业的规范，而是每个维意人内心强大的存在。它不再是自上而下的宣贯，而是自下而上的主动席卷。

维意定制礼盒

维意定制时光符号笔记本

设计礼盒的时候，想过很多的方案，到最后我们还是选了"百家姓"这套：一只万花筒，一盒彩色铅笔，一套有意思的卡片，一本时光符号的笔记本，还有属于维意人的《你是我的唯一》，都是些简简单单的东西，没有哗众取宠，没有浓墨重彩，但一点也不影响礼品的档次与诚意。

设计一样东西，是因为生活需要设计，或者人们有着某种想法，需要通过设计来表达。设计维意礼盒也是出于这样的需要。

维意定制礼盒袋

维意定制蝶变的超级符号造型

维意定制蝴蝶徽章

但李连柱和欧阳熙也会心疼这些年轻人，竞赛意识太强，事事争先，会不会让团队太辛苦？他们现在开始要求一些人和团队注意工作与生活调剂，适当放松。

有很多人提起维意定制，会兴奋地谈到其先进的C2B模式，以顾客为中心建构响应速度极强的组织体系；也有人惊叹于维意实现的个性化大规模定制生产革命；更有人认为，服务才是维意的核心竞争力。在维意总经理欧阳熙看来，这些全都对，也不尽然。

他和李连柱董事长的观点相似，认为维意真正的核心竞争力是这个年轻、有爱的集体，他们像一家人一样，分享互助，努力工作，追求共赢；他们激情无畏，快乐工作，享受生活。

文
化
篇

心意行动 爱读书

这是一个 关于 孩子的 行 动

# "标新立意"：
# 员工和顾客一起"心意行动"

**2014年，维意为自己定下了"标新立意"的发展策略。**

"标"就是复制直营模式，在全国打造设计服务与业绩标杆城市门店；"新"就是实现营销创新并有效执行落地；"立"就是公司各部门、各店各岗位，立足团队专业技能提升与员工成长；"意"就是通过从设计到安装等服务，提升客户满意度，创造客户口碑！

"标新立意"就是要做出与别的家居企业不一样的维意。为此维意定制高层煞费苦心。

我们不是书本的制造者

我们只是文化与爱心的搬运者

2014年7月26日，维意"心意行动·爱读书"公益行动正式拉开帷幕。这一天，维意专门请来热心公益的国际影星李冰冰亲临现场，担任形象大使。

形象漂亮、气质可人的李冰冰代表主办方号召大家一人捐一书，集腋成裘，为山区孩子们捐赠"快乐书吧"。维意定制不仅自己向这些学校捐赠，同时号召全社会热心公益事业的人士一起行动，献出自己的心意。维意在全国数百家专卖店设置有专门的书架，收集顾客捐献的图书，这些书会连同专门定制的讲台和书架分批送到山区小学。

**很多企业的公益都摆脱不了营销的"嫌疑"，但维意却只想一心一意地搞公益，"心意行动"上甚至没有企业冠名。维意定制活动负责人表示："我们不是书本的制造者，我们只是文化与爱心的搬运者。"**

"心意行动·爱读书"李冰冰广州见面会  现场火爆

"心意行动·爱读书"公益活动现场，李冰冰牵手小舞者走上舞台

"'爱读书'的焦点应该是在孩子身上，应该是在阅读本身。"欧阳熙总经理说，他希望这并非维意定制的独角戏，"我们非常欢迎别的企业来主导。我们可以合作一起运作这件事情。"

相当多的公益行动有爆发式的特点，往往昙花一现，很快没有了下文或宣告结束，维意表示要定期做、持续做，心意行动的期限将是"永久"。

"心意行动"启动仅仅3个月便收到爱心人士捐赠的27000多本少儿读物，维意志愿者和部分顾客一起把它们送到了贫困山区的学校。

2014年10月26日，维意再度加力，发起"心意行动·百城同启"爱心风暴，许多小朋友特地带来了书本捐赠，和心意使者一道宣誓成为志愿者，而员工们也积极行动起来并创意出许多宣传方式，如三水店的员工特意用徽章摆了"捐书"两个字。心意行动的志愿者们不仅将书送到学校的教室，而且带给孩子们花样百出、别有趣味的"爱读书特色课堂"。

**维意其实是在进行一场关于公益的众筹——筹的是书本，筹的是参与感，筹的是爱心。**公司只是发起者、参与者，每个员工、每个顾客、每个爱心人士才是真正的主角，员工与顾客之间有了更多的情感价值链接，他们在行动中付出，也在行动中收获快乐，变成了爱心路上的伙伴。

维意一方面重视公益事业对品牌的影响，另一方面强调员工与顾客之间的紧密关系。

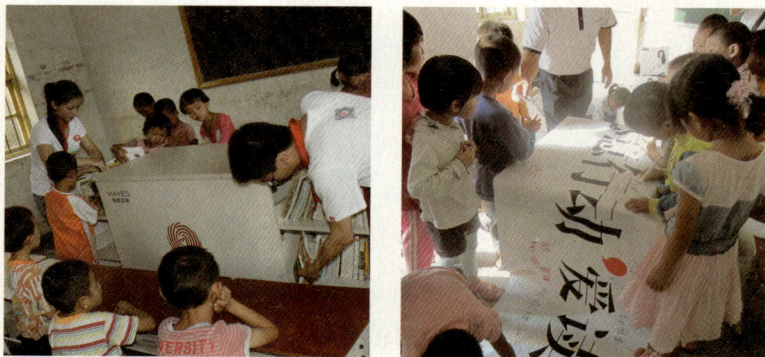

"心意行动·爱读书"来到韶关乐昌市五山镇的小山小学

宜家在公益事业上则有自己的侧重点。

宜家也视公益为其品牌布道的重要策略。它不但销售梦想，还把产品跟公益事业联姻。宜家有计划地参与环保事业，并率先通过生态环保认证森林认证。

与维意的员工和顾客一起公益相似，一直以来，宜家强调员工与顾客结盟的理念。坎普拉德反复重申：**为大多数人创造美好生活的一部分，包含打破地位和传统的局限而成为更自由的人。要做到这一点，我们不得不与众不同。**

**这种与众不同与维意的标新立异异曲同工。这种精神上的诉求对年轻人很有杀伤力——人人都渴望成为主角和支配者，这是比产品实用更具价值的东西。**

"心意行动·爱读书" VI设计

"心意行动·爱读书"红白徽章

让山里的孩子爱读书
让城里的孩子更有爱

您的一次分享
可能影响孩子的一生

# 理念篇

企业为什么而活？

维意定制沙发系列海报

宜家用70多年证明了梦想的力量，这个梦想是坎普拉德为大多数人服务并改善生活的愿望。而这个愿望的核心是顾客的需要；维意则用11年开启了无数人的新愿望，那就是众多家庭对生活的个性化梦想，这两家企业关心的都是人们的家庭生活，只不过，宜家渴望让人们生活得更好——当然，现在"更好"有了更富时代的定义；而维意则希望让人们的个性精神与物质世界一样得到满足。

两者似乎在趋同，但年轻的维意显得更为前卫。

2014年是宜家成立的第71个年头。71年来，宜家已经由一个小小的家庭商店发展为享誉全球的跨国企业，但是，其创新的速度除了在设计上和产品上有所体现外，企业的结构和商业模式并没有大的变革。

进入中国市场之后，宜家还是那个你熟悉的宜家——你在宜家卖场，只要随着规划的路线，就可以慢慢悠悠地自由观赏与选购。除非你需要，否则没有任何店员会来打扰你。

宜家是贴心的，也是有个性的，它用自己的原则坚持和偏执固守着其核心价值——低价，同时它以这种个性为最大多数的民众服务，改善万千大众家庭的生活。

而已经走过11年的维意，正以迅速崛起的姿态成为中国家居行业的新生代领袖。

**现在的许多家具企业都在研究维意，但令人畏惧的是其魔幻般的、大规模个性化定制模式，其他企业根本无法模仿，这个模式正以全新的方式满足着日益个性化的消费者，改变着行业竞争规则。**

维意的胃口有多大？它以及它代表的定制模式会成为整个家具制造业乃至流通业的颠覆者吗？

# 保证大多数人有能力购买

早期的坎普拉德尝到了一种恶果：与竞争对手竞相降价不仅严重影响了产品的质量，也在消费者当中造成很坏的影响。

后来，尽管坎普拉德思考怎样摆脱"价格愈低质量愈差"的恶性循坏，但进入家居行业并开店后的宜家依然把价格置于中心的位置并坚持至今，初衷不改。

这是因为坎普拉德创新经营方式，集合制造商和零售商一体，大大地降低了产品的价格，如此，坎普拉德依然有进行价格营销的底气：他以家具商的身份把产品卖给了消费者，同时又以零售商的身份直接向独立生产厂家采购家具，绕过了中间的流通环节。

**对于企业而言，一时的低价策略容易坚持，但要成为企业一项长期的战略并不容易。**

坎普拉德做到了这一点。他说自己的理想就是把追逐利润的商业动机和人类的社会理想结合在一起，因此很早就在树立了"为大多数人生产他们买得起的、实用、美观而且廉价的日常用品"的经营理念并在社会上广泛传播。

他希望通过自己的商业探索，为普通大众的日常生活创造一个美好的未来。这些经过修饰的说辞听起来有些"高大上"的感觉，但并非不可信任。无数资料显示，早年的坎普拉德受过社会主义学说的影响，甚至一度对纳粹有过同情（这后来曾差点导致宜家的灾难），因此对于"改造"资本主义社会有着强烈的主观动机。

在那个年代，将企业的生存立于宏大的社会使命之中，这种悲天悯人的道德情怀不仅使整个宜家散发出一种迷人的色彩；而且使其具有了穿透时空的魔力。从运营企业的思想上来说，宜家与当代企业运营管理专家的新型研究有着惊人的相似之处。这使得一个多年前的梦想在当代依然绽放出独特的光芒。

为了这种信念，坎普拉德的一生都在孜孜追求，并建立了宜家低成本战略基础上的差异化战略：

迅速跨出国门，寻找供应商。随着国际化，宜家建立起全球的采购网络，不断降低生产成本，进行流线型生产作业与成本创新。宜家不断寻找价格相对低廉的原材料，调整生产布局，将生产基地设置在成本低的国家与地区。宜家在全球50个国家与大约1000多个供应商建立了长期合作关系，也鼓励供应商之间开展价格竞争。

创新推出"自助组装家具"的产品，使其包装变成了平板包装，这样不但减少了运输过程中的破损现象，运费成本也大大降低，宜家曾经做过一次估算，显示这种方式所运输的家具数量是组装后运输数量的6倍。

明确成本和价格的次序，即不是由传统的成本决定价格，而是先考虑价格再推定出目标成本。为了给客户提供真正低价格的产品和服务，宜家在设计产品之前会充分考虑顾客对价格的承受能力，并结合产品特性设定预期的销售价格，由此得到的目标成本也会较其他企业低很多，而以后的生产流程会在这个目标成本之内，尽可能地保证产品的性能和品质。

建立了节俭的企业文化。在宜家公司，一直以来，浪费被认为是"致命的罪过"。宜家的许多办公室墙上都贴着标语"省一度电"，也正是这种勤俭节约和强烈的责任感把宜家公司的精神带到了一个全新的境界。作为亿万富豪、宜家的掌门人坎普拉德在工作或生活的各个方面一点都不奢华，他遵守公司的规则总是率先垂范。在公司他总是和职员一起吃工作餐，而且都是自己付钱。甚至很多人都说他小气，吝啬，但坎普拉德却以此为荣。他认为浪费的代价就是增加顾客的负担，所以每位职员都会收好那些剩余的绳子、纸张以及箱子等，再反复投入使用。

W．钱·金和勒妮·莫博涅教授在《蓝海战略》一书中指出，企业要在竞争日益加剧的市场环境中生存和发展，就应该改变传统的战略思维模式，由红海转向全新的蓝海。所谓蓝海战略，是指打破产业边界，开创出一个没有竞争的新市场，同时做到差异化和低成本，建立一个强有力的品牌，彻底摆脱竞争，实现价值高速增长的战略行动。显然，通过一系列的行动与坚持，宜家已将低成本战略深入融合到企业运作的每一个流程之中，从而形成了鲜明的差异化战略。

相比宜家，维意也进入差异化的蓝海战略。

你能盯着白纸，就看到美妙的画作么？
你能静静坐着，就听见美妙的歌曲么？
那些以为自己能够改变世界的人，
才能真正地改变世界。

把少数人的定制
变成多数人的生活

# 把少数人的定制，
# 变成多数人的生活

2014年年初，一个中国企业家的俱乐部式组织——正和岛邀请了一批企业家们参访李连柱的定制家具公司。下午参观，晚上回到教室上课，大家惊奇地发现自己的照片印在了杯子上。

当工作人员给大家沏茶时，所有人都尖叫了。那个杯子在热力作用下，竟然逐渐从红色底色变成白色底色，每个人的大头像都显示得非常漂亮、非常清楚。

原来，这些杯子是李连柱专门安排工作人员为企业家们定制的，是维意年会上经常用来送给家人的礼品。

末了，李连柱问在座的企业家们：如果摆了两个杯子，一个是不锈钢的，一两百块钱，一个是定制杯子，十来块钱，你愿意要哪个？结果，所有人都选择了要那个定制杯子。

这个故事展示了定制的威力，让很多企业家兴趣盎然。那天晚上大家在课堂上围绕维意、围绕各自企业的定制创意热烈讨论了很久，到凌晨仍然意犹未尽。

李连柱说，维意的使命就是把少数人的定制变成多数人的生活，他说这一定会成

维意定制青春探戈儿童房

为多数人的生活，因为它是人心所向，是一种趋势。他自信地说："我们虽然都是卖家具的，卖的都是组合家具，但我们有着根本有不同之处。别人是汽车、是马车，我们是新造出来的火车——也许它跑得并不快，但是它在未来有无限的潜能。"

随着物质生活日益富足，人们购买商品开始注重非基本需要，不再只关注功能、质量，更开始关注商品外的个人体验、风格，甚至附加的心理满足，因此个性化消费正日益成为一种浪潮，这股浪潮不但在国内汹涌，更在全球范围内澎湃。尤其是借助互联网和快速崛起的电子商务，这些消费偏好更展现出对企业巨大的牵引力量。

在满足个性化消费方面，许多传统制造厂商采取了多种方法应对，比如：加强设计迎合新生代的消费者；强调体验，让消费者感受到企业的用心；让消费者参与决策，以增加其参与感；甚至号称可以定制，电脑、汽车、彩电、手机、洗衣机、家具等产品都有类似举动。这些定制虽然只是局部性的，价格也往往不菲，但它代表的却是消费观念的巨大变化。

定制是真正意义上、完全概念的个性化消费，因为它必须遵循消费者的个性与选择。个性化定制使得消费者可以介入产品的生产过程，将自己的意志传递到产品上或者将指定的图案和文字印刷到产品上。用户以此获得自己定制的、个人属性强烈的商品。

从根本上讲，定制就是一种差异化经营战略，它满足消费者对差异化和不同的价值选择。这也是工业化大生产带来的强烈市场竞争下的必然结果：商品极其丰富，供大于求现象普遍严重，行业竞争压力巨大，寻求差异化竞争被迫成为企业生存发展的方式。

**但是个性化定制存在两大绕不过去的难题：一、订单的规模。有专家断言，在传统商业环境下，个性化定制很难大规模展开，而借助于电子商务平台则很可能实现。二、个性化大规模生产。大规模制造的工业逻辑统治商界已达100年之久，绝大多数的企业资产、供应链、流程都是为大规模制造而生，很难改造。**

但两个看似不可能的问题维意硬是靠着简单的信念一步步解决了，即便没有借助互联网，即便没有生产方面的经验，没有前车之鉴。这的确令人惊异。

"我们就做了一件事情——你想买什么家具、想用什么家具，告诉我，我帮你设计、生产。"李连柱说。而为了这一件事，他们在技术上储备了11年，探索了11年。

**维意定制杀出重围的要点有以下五个方面：**

第一，全屋家具。目前维意实现了从进客厅门开始的鞋柜到玄关柜、电视柜、厨房、卧室、书房所有的家具，只要用板子做的都可以做定制。

定制是一种个性

更是一种生活方式

第二，个性化。维意可以完全按照消费者家的风格、装修尺寸、消费者的喜好、要求来做。

第三，云设计。每个维意店都能为顾客提供免费3D设计服务，整个应用效果、未来景象用电脑全部模拟一遍，看到好再买，不好不用买。

第四，生产快。维意可以进行基于定制的快速生产。

第五，零库存。从接到订单到安排生产，板材供应商按照维意的指令每天提供材料。这样一来，维意的资金周转率也很高。

这几个关键词令维意的个性产品的生产成本大幅度降低，也使定制产品成为大多数人的选择，步入寻常百姓家。如果比较一下宜家和维意的价格，就会发现，两者不相上下。维意定制的家具和商场里摆放的各类名牌家具相比，还是颇富有竞争力的，只是，维意定制强调的不是价格，而是设计和服务。

# 绝对

jué duì

世界上绝对没有绝对的事

你信吗？反正我信了！

"世事无绝对，只有真情趣"
大家都记得的一句经典广告语

静下心来，你会发觉：
这未尝不是一种合理而睿智的态度，
生活中有许多事真是这么回事。

绝对，是一种态度。

向这样的广告，
这样的生活态度致敬。

少点绝对的论题，多点自己。

不用管
玩的时候是否真的有什么情趣，
玩了自然少不了乐趣。

生活 就该有太多的可能，
打破 常规、组合、固化、
你的 生活由你来定义。

这才是定制赋予生活的本质

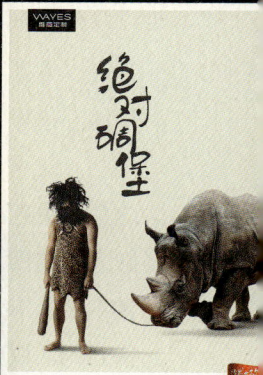

世界再喧嚣，我们也必须静下来，
接受每一个细节的挑战。

这个世界没有绝对的对

即使不能做到每个人都认为对

但也要追求也许是不切实际的完美

白昼是规矩的，
回家则要打破规矩。

赖上一张沙发，
坐拥一个世界。

维意定制【绝对】官微传播

就让思想，
想去哪里就去哪里。

世事无绝对 一切皆可能

我们想，
具有这种潜质的人生会挺有意思。

快乐总是
出现在我们习以为常的地点

生活千变万化，

你是否肯定自己的取向，

是否活出了你的生命，

是否成为了你能够成为的人，

如果没有，

你是否有勇气重新定制。

旅行没想象中那么难，
想想就能到达。

把少数人的定制，变成多数人的生活。

经过16年的坚持民买，
而非租赁物业，
宜家已经成为
中国最大的
外资
地主
之一

# 不靠家规管理，靠家风影响

作为跨国公司，宜家公司建立了庞大的组织系统，在管理上一直鼓励平等主义。据说，宜家要求所有的商场经理每年要抽出一定的时间到店面或仓库"轮岗"，其目的是希望这些经理们了解基层，与其保持思想上的沟通与交流，避免较大的隔膜，在政策和制度制定上不会推出一些可能引起员工不满的做法。还有，经理和员工们一起在商场工作，让基层员工有平等感，他们会从心里认同主管和他们一样，一起服务顾客。

在宜家工作的员工觉得自己是在为整个社会的美好而奉献。他们喜欢这份工作，公司的信念符合他们自身的生活方式。如果可以让大多数人以较低或合理价格享有较优质的家具，就是帮助他们，员工们都同意这样的观点。

**在宜家，许多员工对收入高低并不那么在乎。一些员工包括管理层的收入跟同业人员比起来并不具有优势。但许多人愿意加入并留下来是因为这份工作符合他们的价值观，即不争名利、地位。因此，一种人人平等的文化也弥漫在宜家内部。**

平等的民主气氛显然有利于调动员工的工作参与感和积极性。相比之下，在维意定制，平等并不是努力追求的目标，而早已是每个人的自觉。很难想象同事关系可以如此纯粹：大家像一家人，没有钩心斗角，只有兄弟、同学情怀，每个人都在追赶、突破、超越着自己。管理者从来不以权势给员工压力，而是倡导服务式管理，目的只是让员工成长。

许多维意管理者谈到，他们不怕员工超越自己，只是担心他们没有发展空间。虽然有时候觉得苦了点，但觉得公司是为自己好，驱动自己不断进步、自我突破。

在这些规则之上，维意人的内心有更高的"家风"，也算是一种"潜规则"吧！比如，竞赛不是竞争，新员工入职公司都要认真解释清楚，什么叫做竞赛，什么叫做竞争。举例说明：竞争就是打拳击，非要打倒一个你才赢，什么叫做竞赛，就是大家一起比，谁先到终点，谁就是冠军。

顾名思义，"家风"就是一个家庭的风气、风格与风尚。延伸到一个企业，"家风"就是塑造员工的无形力量，是一个企业的生活方式、文化氛围。

欧阳熙对维意的管理文化做出了很好的诠释："维意不是靠家规来管理，而是家风的影响。"在他看来，规章制度和竞赛机制一样只是公司设定的基本游戏规则之一，为了支持公司和员工的成长，保证让顾客获得极致的服务。

这种家风更多的是靠领导榜样树立和企业的历史传承。作为总经理，欧阳熙必须独自承担最终的经营责任，但他的职责是裁判、教练，引导这股力量保持高昂的热情，朝着公司倡导的方向。

创业初期的欧阳熙脾气相当不好，经常对同事们吼。但近几年时间，他似乎变得没有脾气了，很善于倾听，完全不像人们印象中带领大家征战疆场的营销悍将。他说他看到马云讲的一句话："做大事的男人要由刚变柔，成大事的女人要从柔变刚，要做一个有艺术气质的企业家，而不是做一个有商业气质的艺术家。"对这句话，他很认同。

与维意定制相似，在把平等理念灌输到管理体系中的同时，宜家也在向员工灌输关注顾客服务的文化，曾任宜家第二任CEO的安德斯·莫伯克（Anders Moberg）说，创始人坎普拉德对他个人的管理风格有着深刻的影响，他训练我们从顾客的角度看待每件事情。

维意定制梦幻华尔兹厨房

宜家用60年证明了一个木吉相的力量一个小小的力量，维意定制则用11年拉开了无数人的新家愿望

# 满足顾客与顾客至上

作为销售商品的商场，宜家强调的是以顾客为导向，也就是员工们必须随时响应顾客的需要。为了建立和弘扬这种顾客文化，宜家在雇用员工时就会强调利他心和沟通的重要性，即使是后台的管理、设计人员，也需要感受和了解顾客的情感和需求。宜家认为，一个人如果能比别人更容易合作与沟通，更令人愉悦和具有自我动力，将是非常重要的素质。

宜家反复强调，自己所提供的家居商品品种多（2万件左右）、漂亮实用（强调创意设计和实用价值）、普通民众都能够消费，倡导的是一种简单、个性的生活方式，因此销售的商品总体上强调简单实用的价值，保证品质和品位，力求通过创意的表现和科技的应用关注到消费者生活的细节"痛点""乐点"，不断改善、装扮他们的生活。

而维意定制完全是顾客为中心，奉行用户至上主义，大声宣称：客户需要什么，我们就设计什么、生产什么！并将致力于达到"物超所值的顾客体验"作为自己经营哲学与愿景。

**宜家用70年证明了梦想的力量，这个梦想是坎普拉德为大多数人服务并改善其生活的愿望。而这个愿望的核心是顾客的需要；维意则用11年开启了无数人的新愿**

望，那就是众多家庭对生活的个性化梦想，这两家企业关心的都是人们的家庭生活，只不过，宜家渴望让人们生活得更好——当然，现在"更好"有了更富时代的定义；而维意则希望让人们的个性精神与物质世界一样得到满足。

**两者似乎在趋同，但年轻的维意定制显得更为前卫。**

这是一种骨子里流露的个性。在今天，消费已经越来越超越简单的物质需求而成为新人类的生活方式，成为了他们心理安全的保护机制。新生代的消费者正努力通过各种方式树立个人形象，发布个性宣言。

维意所代表的定制模式正成为新一代消费者的精神满足的象征：我要购买那些能够带给我个性化生活的东西，我要购买那些能够让我实现心理自主的服务，我要购买那些能够让我创造自己、了解自己、成为自己的东西。

时至今日，维意或许还属于走在成功路上的中小企业，但个子小不代表理想没有色彩和穿透力，业绩不大不代表它不具备影响世界的力量，它所代表的定制模式正日益成为个性化消费时代的潮流模式。

11岁的维意定制深切地理解他们的个人心理与行为空间，并已经准备好一种全新的组织和经营理念，为新一代人提供着强有力的响应、推动与支持。

这已不仅仅是一种生活方式，更是一种对新生代个性精神世界的共鸣。

理念篇

# 后记

PK的答案

# PK的答案

# 平行线

2014年11月，维意定制正如火如荼地在全国的Shopping Mall开店，向着营业额年70%增长的目标冲刺，"心意行动·爱读书"活动也丝毫没有松懈，捐赠而来的图书源源不断，员工与顾客的热情有增无减。维意继续快速、轻松地奔跑。

宜家则正在中国的中心城市投下"深水炸弹"——开设超级家居卖场。媒体报道，宜家动辄数亿元的投资，以其独特的卖场和产品的魅力吸引了万千顾客。2014年10月在武汉开业的宜家家居卖场总面积达4.6万平方米。这个一站式购物中心开业后的超高人气和超强吸金能力让本土商家望尘莫及，其2015年销售目标为17亿元。

粗算起来，新增200家维意定制店的面积合计只比宜家武汉的Shopping Mall大上一些。宜家进入中国17年来只开了16家店，2013年销售额超过63亿元，比2012年增长17%。

2014年，维意有员工7000多人，在全国有600多家定制家具连锁专卖店，每天为上万家庭服务。

宜家的店越来越大，维意定制的店虽然比以往大了，但更具有数码店小而重技术的特征；宜家越来越强调低价，而维意越来越强调定制及其背后的设计和服务。在品牌方面，宜家像一个成熟的成功人士，品牌足够强大，以店面吸引消费者；而维意像个生气勃勃的少年，浑身是胆，以国际明星开路打造影响力。

宜家魅力依旧不减，虽然它的进攻并不猛烈、高调，但步步紧逼，有条不紊。它几乎与当今喧嚣的互联网思维绝缘，坚持在中心城市的黄金位置开办大型商场。这似乎与中国主流的商业趋势背道而驰。

近几年，国人对跨国公司不再感到新鲜，宜家也渐渐远离日益兴旺的互联网业和金融业，但它似乎总在一年某个时刻，牵动着你的目光。

71岁的宜家有足够的资历以过来人口吻"开导"11岁的维意定制：年轻人莫急，人生是一个长跑，不要在乎一城一地之得失，要关注和坚持战略，追求可持续的成功；但年轻的维意定制以自己的速度和独创似乎又可以这样"回应"宜家：世界是你的，也是我的，但归根到底是我们这些年轻一代的，因为我们有时间、激情和勇于创新的精神，一切都有可能……

谁将拥有未来？这个问题一提出便会觉得轻率，宜家仿佛拥有青春驻颜术，不断地吸引着一代又一代人的目光，让很多年龄层的人（从老人到小孩）流连忘返。71多岁的心脏依然跳动有力，却有着成熟的运作体系和全球管理经验。维意定制则是一个快速裂变着的组织，团队的激情和信念无比强韧，它有可想象的美好未来，但未来路上充满挑战和险滩，包括令大多数中国企业畏惧的国际化。

维意定制会是宜家家居的挑战者吗？ C2B的模式，代表着先进的生产力。维意定制董事长李连柱有这个自信，他曾说："目前在规模上我们还很难超越宜家，但在模式上我们可以颠覆它。"

从定制的角度看，维意的确比宜家更彻底；从C2B响应消费者的需要比较，维意

维意定制百格墙柜

定制更顺应消费者的心意。但是，宜家的信息化程度相比维意定制更高，遍布全球的生产供应链与其大规模分销的店面系统完美地结合在一起，两者都在不同程度地满足着消费者的个性化消费，并且直接与消费者发生着强有力的联系。

**模式上或许维意可以占优，但模式是否可以完全决定一个企业的未来？对此维意定制总经理欧阳熙认为，未来的商业不可能是一个模式一统江湖。他是自信的，也是清醒的。虽然在理论上有专家分析C2B可能是后互联网时代的主流商业模式，是未来企业组织变革的方向，但吸引、留住消费者，并加强消费者忠诚度，并非只有一条路。**

两家企业虽然在家居产品、组合家具、连锁卖场、家文化等方面有些交集和相似之处，但在道路选择上却大相径庭，"你走你的阳关道，我走我的独木桥"。

这一点维意定制董事长李连柱深有感触，他在接受媒体采访时坦承："一开始很多人都说我们像宜家，但仔细了解之后，就会发现我们和宜家有着很多的不同。"

比宜家更超前
模式是可以定制的宜家

# "貌合神离"

但是，两家企业的确有过某些"渊源"。李连柱曾经在接受媒体采访时谈及一些故事。最初，作为服务家具建材行业的圆方软件的负责人，广州宜家开业后，他曾经专门组织人观摩学习；2003年维意定制成立前后，他更是直接让筹备组人员模仿宜家的店面布置，甚至海报的书写也参考宜家的。

"我们当时觉得宜家的VI（标识系统）很亲切，也想模仿这种风格。维意定制第一家店的所有花瓶都是我去宜家买的。店面布置很多是参照宜家。宜家的各种柜子旁边都贴着标尺，顾客可以很直观地看到柜子的尺寸。我们就把标尺进行一些改进，做一个统一的参考，把卖点、功能、材料、尺寸都写上去。"李连柱回忆说。

他们也买了很多书，恶补卖家具的学问。对这段模仿经历，维意定制的人并不否认。但"2008年以后，我们的产品丰富了，可以全屋定制家具了，有了自己的风格。我觉得现在我们比宜家超前了，可以称为定制的宜家。"李连柱说。

看来，有时候"傍大款"在品牌建立之初是必要步骤，也是国人了解新事物的一种习惯。无论如何，维意定制是绕不开宜家这个"结"的，即便内部人觉得不像，但当他们向外界人士介绍维意定制的时候，说起自己可以囊括厨房、卧室、书房、客厅、餐厅家具的一站式全定制，别人依然会问：你们像宜家吗？你们之间有什么不同？

一位阿里巴巴的高管曾问李连柱，你的竞争对手是谁？他竟然一时回答不上来，"一是我没有想过竞争对手，二是还真找不到竞争对手。"这位高管建议，把宜家作为竞争对手，在竞争中可以学到很多东西，壮大自己。对这个建议，李连柱觉得在理，但他并不认为维意需要和宜家展开竞争。

"我经常在内部讲，不能看着它们降价了我们就跟着降。虽然我们都是卖家具的，而且卖组合式家具，但我们有着根本的不同——别人是汽车或马车，而我们是新造出来的火车，也许新出现的火车跑得并不比马车快，但它在未来有无限的潜能。"（《执行官》杂志）

李连柱更相信汽车大王亨利·福特的一句话：**"最值得畏惧的对手从来不关注你，他们只专注自己业务的每个细节。"**他要做这样的对手，只专注自己的业务细节，不围绕着宜家的做法、思路转。维意定制总经理欧阳熙说，他现在很少与家具同行交流，而更喜欢跨界的学习与探索。

维意定制和宜家家居越来越"貌合神离"。李连柱曾经畅想说维意定制未来像苹果，不但有精致的产品，还有功能强大的云服务平台供顾客自由挑选家居用品，甚至家里要用的所有产品都可以在网上挑选。

对宜家而言，传承与改变，前者是更重要的词汇，因为时髦很容易变成过去，传承则是几十年时间结晶的价值观、战略、模式和与时俱进的能力；而维意定制所面临的一切都是崭新的，因此改变是必然要面临的，尽管它已经用11年沉淀出自己的模式、策略、文化和大规模定制的组织运作能力，但迎接它的、需要用时间和效果反复验证的还有很多……因此，传承和改变需要实事求是，不能因为注重传承而因循守旧。

作为中国企业管理经营长期的观察者、研究者，我只是想秉着本心，研究一下中外两个相似的企业，用历史的、模块化的、发展的、多维的视角进行审视，力求通过资料和分析呈现，而不是通过结果判断两个品牌的成长与抉择。

过去十多年间，我曾经写过几本书籍：《科龙革命500天》（广东经济出版社，2001）力求通过局部的、限定时间的有限观察提供一个中国优秀制造企业变革的样本——虽然事后证明这些更受制于体制本身；《苏宁：连锁的力量》（中信出版社，2008）则力求在整个家电产业视野下，呈现一个民营流通企业的数次转型之路以及在选定连锁卖场之路后在人才、信息化、管理、品牌以及战略方向等软实力提升方面的进取；另一本值得一提的书《企业教练：领导力革命》（2001）则从管理变革的角度研究了一种潮流型的领导力方向——企业教练。尽管一些书系受邀请而作，但笔者力求深入到企业成长所处的情境，与产业和社会变迁、成长与运作升级、潮流的企业经营趋势等相互呼应，给管理者、创业者、企业家、研究者、理论家甚至普通白领以不同的感悟与思考。

随着研究个案的增加，我发现中国企业具有个性化、主观化和机会主义特点，许多企业的道路几乎截然不同，但似乎都在走向成功，有些企业成功了，或许是因为站在时代的风口上；还有些企业在成功之后迅速面临诸多挑战，陷入困扰与低迷……我因而陷入思考：这是因为这个变革的时代促发的偶然，还是国人不太讲究规则而造成的必然？

中国企业的成功带有很强的偶然性，因为生逢盛世，因为市场庞大，但偶然之中又有技术的日益进步和全球化的影响——中国市场已是跨国公司的主战场之一，因此能一步步与跨国公司平视甚至将之逐出低、中端领域也显然是一种能力，虽然中国企业管理水平如何亟需提升，仅在制造领域达到了世界优秀水平，离中国智造或中国品牌还很远，但毕竟它们取得了市场的成功，在一定程度上收复了"失地"，国货也渐渐走进大多数国人的视野，包括小米手机、格力电器、华为、安踏、维达、宇通客车……

虽然作品不少，但我一直有个遗憾，就是尽管研究了这么多的中国企业，但与跨国公司的比较研究依然没有着手进行。理论家们说，中国企业距离西方优秀跨国公司还有较长的距离，但到底差距在哪里？我一直想探究出答案，直到有了这本书的策划，我才眼前一亮。

客观地说，穿凿附会为一个不太知名的企业涂脂抹粉无甚意义，但这个中国企业的选择却令我信心十足。因为在我看来，这已不仅仅是单一方面研究差距，这两家企业虽然规模无法相提并论却各有擅场、各具特色，甚至在某些方面有超越跨国公司的实践。这令我惊喜，因为选择一个案例并和一个优秀的西方跨国公司进行平等、均衡、多维地比较实在是一个有趣而富有意义的任务，我很希望通过对两个样本的比较，让更多中国企业人士看到东西方企业在创业、发展、营销、管理、服务、模式、文化、理念等诸环节的相同与差异。跨国公司的成长并不神秘，国际化也是相同语言文化下的必然结果，国际品牌并非神话般铸就，只是经历了时间的考验，这些，是诞生二三十年的中国企业已经在经历、未来要去经历的过程，尽管它们大多数盘踞在快速发展、壮大的中国市场，但这是它们的优势而非短板，至少在目前来看基本如此。

理论家们可以迅速实现各种穿越，但企业家们不能，只能在一点一滴积累规模实力的同时，提升市场覆盖、快速反应、基础管理、满足顾客的能力，同时又要面对信息化的挑战以及政商环境的高度不确定性。因此，有人说，中国的企业家所要具备的能力与素养绝不比西方企业家低，而是相反。西方的企业家们只是在确定的法律框架内遵循市场的规律招揽顾客就好，完善的资本服务体系随时可以满足其在资金上的不足，但在渐进式改革中的中国，企业家们更多需要靠自己的双手和智慧打通一切，包括政策、行政上的限制或阻碍，金融上的歧视，市场的割据与草莽化，不完善的法律制度及问题重重的执行体系……甚至是因缺乏契约精神而导致的种种凶险。

但中国的企业家们不能因此停步不前，"天降大任于斯人也，必先苦其心智，劳其筋骨，饿其体肤，空乏其身，行拂乱其所为，所以动心忍性，增益其所不能……"既然选择了企业这条路，就必须不断寻求基业长青之道，不能老是躲在跨国公司后面，认为差距不可超越就甘当老二，拾人牙慧，亦步亦趋。

创新，是唯一通向超越之途。本书的中国案例维意定制就是这样一家企业，它让政府高官们惊叹，让通晓中西的教授推崇，让同行们羡慕嫉妒，让越来越多的顾客着迷……在整个家居行业因为房地产低迷而陷入整体性焦虑的今天，营业额却以80%以上的速度迅猛增长。相比很多家居企业，这个品牌虽然模式先进，但发展速度并不快，你也可以说它只是在市场增长放缓的情况下脱颖而出罢了，或归结为各领风骚三五年，但这样的思考角度无法令你的企业真正进步。

**维意定制是家居企业的明日之星吗？从模式上它绝对是，它有可能成为整个家居界的"和平崛起者"，因为它不靠价格利刃、不靠市场征伐别人，而是靠着对消费者的不断牵引取得成长；它和绝大多数的制造企业、流通企业、设计装修公司都没有直接的利益冲突，相反，很多企业可以与它成为合作伙伴。**

**这样的企业颇令人惊奇，见惯了市场的血腥搏杀、为利益而背信弃义，维意定制却能靠着专注于自身的细节完善获得成长，获得政府、学界、传媒、同行和消费者的认可，这也许绝非孤例，但相当罕见。**

但同时，我们也要警惕给予这家企业太多的溢美之词，因为维意定制只有11岁。成名太早往往因为基础不实而后泯然众人矣，这样的案例也不少。维意定制需要审慎对待成绩，因为摆在它面前的路还很长，相比许多家居企业，它的网络还不够健全；它对互联网的探索刚刚起步；它的信息化系统虽然很强，但并非最领先；它的文化向心力极强，但还未经历真正的考验；它的模式最佳，但距离真正发挥威力还有相当的过程……这个过程中，企业可能会经历许多的变化，甚至出现危机；随着规模的扩大，企业的激情可能减退而管理力需要提升；它的顾客吸附能力很强，但接触的环节过多、时间过长；它注意的是顾客体验，但体验在不断发生变化……

相比之下，宜家家居则经历了时间的考验，长大的同时依旧健硕有力，它的模式经历了不同国家、不同消费者的考验，它的管理高效而富有人情味，顾客喜欢在宜家玩耍、休息、轻松购物，它建立了严密的系统关注着顾客的心理和习惯变化……

两家企业同属家居行业，有着很多相似，实际上除了这些表面的相类，两者内部的运作已经相距甚远。维意定制已经成为一家有可能对宜家构成挑战的"同行"，但未来，前进的道路上维意会继续"向宜家学习"。

学习的目的是为了超越。这一天会到来吗？笔者很期待，同时相信更多的国人也期待早日看到这一天。

# 感谢有你

创作是一个艰苦的旅程，而书籍的写作更是对体力、精力和思考的极大考验。

在很多传媒人对文字绝望、投笔从商之际，笔者一方面做着营销资源的整合者、企业管理的观察者，一方面继续着企业实践的记录者、呈现者角色。笔（现在是键盘了）就是我们与企业、商业和时代沟通的武器，尽管现在只是之一，尽管它似乎渐渐被这个互联网掀起的信息碎片化、数字化时代所覆盖，成为一种"古老"的表现形式。

但它落伍了吗？现在意义上的书籍自宋代活字印刷术发明以来就有了，作为近代印刷工业的呈现则始于19世纪末期。100多年的时光里，它曾遇到广播、电视和报纸的挑战，战争的挑战，也曾遭遇互联网的挑战，现在正遭遇移动互联网和电子书（数字书）的挑战……人们对它的前景感到悲观，媒体正日益新媒体化，书店正在一个个关门，传统出版行业的日子也举步维艰。但笔者却认为，这些只是暂时的现象，数字化虽然日益猛烈，但它只不过是挑战纸质书籍的最新一股浪潮而已，纸质书籍依然有着数字书所没有的魅力：慢生活、自由地阅读、健康、散发出的独特的墨香，它可以在你不经意的瞬间唤醒曾经的记忆，不因时间、遗忘和芯片受损而离你而去……

未来人类将去往何处？是让高科技侵蚀我们的身体和头脑，最终变成智能人吗？笔者不是哲学家和人类学家，但猜想这并非智慧生物变异的终极。人类已经创造了高度的社会文明，同时，它的生命体验周而复始，在忘记、唤醒、传承、进步的循环中缓慢而坚定地探索着与自然相处的和谐方式。书籍是我们记录、唤醒我们与先人们的共同记忆的一种很好的载体，尽管在现代资讯泛滥的世界它远非互联网的浩瀚可以形容。

唠叨了这么多，无非是替书籍唱唱赞歌——这非本书所要解决的问题，到此打住。

最后，笔者想感谢为本书的诞生做出贡献的人，他们是：本书的联合策划者、品牌专家王郁斌先生，他给本书的策划和篇章结构设计提供很多富有价值的建议，衷心感谢；创新联盟《执行官》杂志的执行主编徐军、高级记者李宇健、冯咛咛、陈诗晓等同事，他们为本书的资料搜集和整理做出了强有力的贡献，尽管本书没有署上他们的名字，这是一本集体创作的作品；创新联盟秘书长李春辉在繁忙工作之余为本书的资料收集费心费力。最后当然要感谢我工作上的拍档也是我的太太漫谊，在我闭关写作、数次修改的日子中给予我很多照顾和关怀——尤其是夜深人静时悄然送上的一杯橘蜜水和腰酸背疼时的跪按（跪在背上按摩）。码字的时候，在我每每想要崩溃的时刻，总有一股温暖的力量催我继续。

同时，我还想把这本书送给我的儿子皓晨。他16岁了，已经考入一所不错的高中，不觉他已长得高出我一头。我忙的时候他在忙学习，我想他的时候他仍在忙补习，父子聚少离多。有心在他生命中扮演重要的角色，却总似乎无力达成，我心中歉然。聊以安慰的是他成绩尚不错，虽然羞涩内向如我（你信吗？），却非常懂事，知道我的辛苦，会劝我不要太累。我想在这里说的是：儿子，感谢有你，让我的生命丰满，让我有机会成为你的依靠、温暖和骄傲，期待你成为我这辈子更有成就的一部"作品"。

# 大事记

宜家＆维意定制

# 宜家&维意定制大事记

**1943 年** 英格瓦·坎普拉德创建了宜家公司。这一年他17岁。
这一年,《开罗宣言》宣布台湾和钓鱼岛属于中国。

**1945 年** 宜家第一则广告出现在当地报纸上并制作临时函购目录。
是年8月,日本宣布投降,中国连续8年的抗日战争以胜利结束。

**1951 年** 出版第一本宜家目录,这一年,坎普拉德决定停止生产所有其他产品,
集中力量生产低价格的家具,我们今天熟知的宜家从此诞生了。
朝鲜战争正打打谈谈,国内"三反五反"运动发动。

**1955 年** 宜家开始设计自己的家具。组合
式家具诞生。
中科院学部成立于,后改称中国
科学院院士,推动科技和经济发
展居功至伟。

**1956 年** 宜家开始试用平板包装,大大降低了产品成本。
5月25日——中国第一台电子计算机在复旦大学试制成功。

**1958 年** 在Aimhult(阿姆霍特)创建第一家宜家商场,建筑规模达6700平方米,
是当时北欧最大的家具展示场所。

**1963 年** 在奥斯陆郊外开办挪威第一家宜家商场。这也是宜家在瑞典以外
开办的第一家商场。

**1965 年** 开办斯德哥尔摩宜家商场。数千人排队等候这一重要商场的开业。该商场
规模为45800平方米。由于顾客太多,员工不够用,后来决定开放仓库,
让顾客自提货品,宜家概念的重要部分随之诞生了。
次年,维意定制董事长李连柱出生。

**1969 年** 宜家在丹麦开办第一家商场。

1973~1993 年　先后在瑞士、德国、澳大利亚、加拿大、奥地利、荷兰、比利时、美国、英国、意大利、匈牙利、波兰、捷克、阿联酋等25个国家开办了114家商场。这20年里，李连柱一直在求学。

1980 年　KLIPPAN 克利帕沙发诞生。联合国将1980年定名为"儿童年"，宜家也将该年定名为"儿童起居室年"。
中国的经济改革刚刚启动，私营企业还属于不被允许之列。

1998 年　在中国开办第一家宜家商场。
圆方推出了自己的企业网站，得到了行业内人士的追捧与推崇。

1999 年　宜家在世界上四大洲29个国家150家商场共有员工53000名。
圆方企业软件销售年增长率均在50%以上，成为家具设计软件市场占有率高达90%的行业老大。

2003 年　宜家获取了110亿欧元的销售收入和超过11亿欧元的净利润，成为全球最大的家居用品零售商。
维意公司创立。

2004 年　维意首创全球第二代整体衣柜。

2005 年　维意第一个提出"先定家具后装修"的消费观念。

2007 年　维意由原来的衣柜书柜项目全面升级为"全屋家私定制"，并荣获中国家具协会科技成果示范基地，奠定了大规模定制家具的行业基础。

3 月　在公司董事兼技术总监周叔毅带领下，维意启动信息化技术改造传统家具生产项目。

11 月　维意家具"大规模定制生产"信息化系统研发完成并成功上线运行。

**2008 年** 维意获评"雄鹰计划重点扶持企业"；推出魔方系列家具，并于
**7 月** 当年8月荣获全国工商联颁发的家居业双年十大时尚品牌。

**9 月** 国家工信部董宝青司长考察维意，对信息化改造成果给予极高评价。

**2009 年** 广东省委政策研究室与省信产厅对维意信息
**3 月** 化项目进行调研，汪洋书记批示"这是传统
产业转型升级的典型"。同月佛山市委书记
考察维意，称维意"充分体现了用信息技术
改造传统产业的魅力"。

**4 月** 维意作为两化融合、产业转型升级的
典型代表，公司董事付建平在企业抗
击金融危机交流座谈会议上受到温家
宝总理接见。

**5 月** 《南方日报》、《广州日报》等
多家主流媒体纷纷对维意的信息
化改造进行大篇幅报道。

**8 月** 中共中央政治局委员、广东省委书记
汪洋在佛山市委书记、市人大常委会
主任林元和的陪同下考察维意。汪书
记盛赞维意是产业转型升级领域的
"朝阳"企业，并批语：传统行业的
知识型企业。

**9 月** 维意获得达晨创投注资7000万元，
品牌扩张进一步加速。

**12 月** 国家工信部郭建兵司长考察维意，赞叹
道："好的东西在民间才能找到。"

0 年　董事兼技术总监周叔毅荣获全国劳动模范称号。

6 月

9 月　国家科技部高新司尉坚处长亲临维意进行考察。

10 月　国务院副总理张德江、国务院副秘书长肖亚庆、省委书记汪洋等领
　　　导亲临维意视察，肯定了维意自主创新的定制模式。

2011 年　维意荣获全国工商联颁发的中国家居业"十强家具企业"、
1 月　　"创新标杆企业"以及"原创设计金奖"荣誉。

年初　维意引进国际设计师团队，提出"世界设计，定制在中国"。

3 月　维意荣获"广东省信息化和工业化融合示范工程行业标杆企业"称号。

5 月　维意荣获"国家高新技术企业"称号。

12 月　维意荣获中国衣柜行业"十年影响力品
　　　牌"、"诚信服务示范品牌"，荣获"2011
　　　年度中国整体衣柜十大品牌"。

2012 年　维意荣获"2011-2012最具行业
2 月　　创新品牌"称号。

10 月　维意荣获"中国环境标志产品认证证书"。

11 月　维意荣获中国衣柜行业"质量&服务"双十强示范
　　　企业和环保示范品牌。

2012 年　宜家净利润超过25亿欧元。

2013 年　维意签约李冰冰作为形象代言人。

2013 年　3月5日宜家家居母公司Inter Ikea传伙拍万豪酒店，以
　　　Moxy品牌开拓欧洲廉价酒店市场，计划未来五年投资5
　　　亿美元于区内开设约50家酒店。

12 月　维意再次进驻广州，在东方宝泰设立羊城第一家M2.0店。

2014 年　宜家家居因为被曝砍伐了受保护林地生长了600年的大树，
3 月　　被FSC森林管理委员会吊销了其FSC森林认证。

感谢这些小伙伴，
他们是这本书的践行者，
他们让一切变得可能！

创意策划 沛江

场务 阿钟

美术设计 阿杜

作者 老段

市场 陈洁舒

市场 婉文

出品人 柱子

制片人 老欧

品牌顾问 王郁斌

插画 小韦

插画 阿蚊

插画 曾文

策划 黄琳

剧务 权哥

编辑 王东

剧务 小区

编辑 李春辉

一个苹果可以有不同吃法。一个苹果都可以通过创意：

打破禁忌、创造人类，或科学思维开发定律，或创造品牌、

开创神话，或创意音乐带给世界快乐。创意永无止境。